EX LIBRIS
QVOS TESTAMENTO SVO
LARGITVS EST HVIC
DOMVI
M. PHILIPPVS DESPONT
PRESBITER PARISIENSIS
ET DOCTOR THEOLOGVS
ORATE PRO EO
Et discite in terris quoniam
Scientia vobis perseuerat
in Cœlis
Hieronimus

LE SAINCT
DESESPOIR
D'OLEASTRE.

PAR M. L'EVESQVE de Belley.

A LYON,
Chés IACQVES GAVDION,
en ruë Merciere.

M. DCXXIV.
Auec Priuilege de sa Majesté.

PREFACE.

E desespoir est vn nom tellemēt diffamé par l'vsage du vulgaire, qu'à peine peut-il estre pris en bonne part des plus entendus. Si bien que plusieurs s'estonneront de veoir que ie le canonize au titre de ce Liure en l'appellāt Sainct. Mais si l'on se veut donner le loysir de considerer que c'est vne des passions de nostre appetit irascible, & infuse de

Preface.

Dieu en nos ames, on se donnera bien de garde de penser que celuy qui a bien faict toutes choses, & les a ordonnées en poids, en nombre, & en mesure, ait mal faict de mettre cette faculté en nous, ny mesme qu'il l'y ait rangée pour y demeurer inutile, veu que la puissance est vaine qui n'est point reduitte en acte. Dieu en la creation des choses non seulement visibles & exterieures, mais inuisibles & interieures, a veu tout ce qu'il auoit faict, & il estoit tres-bon. Bónes donc, ains tres-bonnes sont les passions de nos ames, quand elles

les sont gouuernées par la raison, comme le Centurion gouuernoit ses soldats, & cóme vn Roy conduit auecque iustice & equité les personnes suiettes à son Sceptre. Et quoy que ce mot de passion soit descrié par le commun, si est-ce que les sçauans connoissent assez qu'elles sont en nos ames ce que les nerfs en nostre corps: car ce sont les mouuemés & les ressorts qui la font agir. Ton appetit sera au dessous de toy, disoit le Createur à nostre protoplaste, & tu le dompteras. Il n'a pas dit, tu l'estoufferas, tu le feras perir, mais tu le gou-

A 3 uer

uerneras, ni plus ni moins qu'vn adroit Escuyer sçait ranger à vn iuste maniment vn cheual farouche. Les passions sont comme les sens exterieurs, qui ne tirent leur bôté ou leur mauuaistié que de l'abus, ou d'vn vsage legitime. Les poulpes se font de la couleur des lieux où ils s'attachent; ainsi les passions prennent la teinture de leurs obiects, & se parent de leurs liurées. L'amour, la haine, le desir, l'auersion, la ioye, la tristesse, la colere, la crainte, la hardiesse, l'esperance, & le desespoir, sont des qualitez d'elles-mesmes indifferétes,

&

& qui ne sont loüables ou blasmables que selon la difference de leur application. Et neantmoins oyez parler le populaire, vous diriez quand on nomme la plus part de ces ressorts de nostre esprit, qu'on parle d'autant de vices. Faire l'amour ha! c'est vn crime, sans penser que la deuotion n'est autre chose que l'amour qu'on pratique enuers Dieu. Hayr ha! c'est vn peché, sans considerer qu'il est vne haine perfaitte, c'est à dire, qui nous fait detester le vice pour embrasser la vertu. Desirer, c'est à leur auis vne conuoitise iniuste,

iuste, sans prendre garde que Daniel s'appelle homme de desirs, & que Dauid demande à Dieu l'accomplissement des desirs de son ame. L'auersion est tenue pour vne imperfection signalée, sans auiser si c'est pour le bien ou pour le mal: car quant à cettuy-cy le Psalmiste dit, destournez mes yeux de la vanité, ô Seigneur. Quant à la ioye elle est tenue pour vn don du S. Esprit, bien qu'elle soit reprehensible si elle est excessiue, ou comme l'allegresse de ceux qui se resioüissent quand ils font mal. Il y a vne tristesse à salut, qui opere re la penitence; mais il y-en a vne qui deseche les os, & qui mene à perdition. Parlez de la colere, aussi-tost tombe dans l'imaginatiō l'idée d'vn peché capital, & toutesfois Dauid dit, courroucez-vous, & ne pechez pas; & l'Escriture attribue à Dieu cette passion en mille passages. La crainte est blasmée des gens qui mettent le faiste de leur gloire en la valeur, & neantmoins la diuine parole appelle bien-heureux celuy qui est tousiours en crainte, & donne à cette impression le commencement de la sagesse. La hardiesse est loüée des

A 5 vns

vns comme courageuse, & blasmée des autres comme vne temerité. Il y a des bonnes & des vaines esperances, & pourquoy donc n'y aura-t'il pas des desespoirs prisables & vituperables? Celuy qui arrache nostre cœur & nostre attente des choses caducques, & qui fait que nous ne nous y appuyons non plus que sur vn baston de roseau, peut-il estre censuré qu'en mesme temps on ne reprenne ce diuin oracle, qui menace de malediction celuy qui se confie en l'homme, & qui appuye son bras sur la chair? Celuy qui au milieu des

des combats rend les hommes courageux, & leur fait remporter de grandes victoires, peut-il estre mesestimé sans mespriser le plus haut point de la valeur, qui consiste à dedaigner les hazards, & à mettre tout son effort à bien combattre? Ie dis le mesme de celuy qui nous faisant hayr le monde, & tout ce qui y est tenu de plus estimable, nous porte dans les Ordres Religieux, pour y vaincre sous l'estendard de la Croix toutes les puissances de Sathan, du Siecle, & de la sensualité. Car en fin tout coopere en bien à ceux qui sont bons, & qui se proposent de viser à la sainteté, c'est à dire, à leur propre perfectió. Quát vne mauuaise cause produiroit vn bon effect, il en seroit comme de l'esternuement, tousiours seroit loüable en sa fin ce qui ne le seroit pas en son principe. Mais ie dis que la passion du desespoir mise en nos ames par le Createur, est bonne, ains tresbonne en son origine, si que les productions de cette cause ne peuuent estre que bonnes, si l'obiet en est bon, & plus encore si la fin en est honorable. Et quelle fin plus heroïque peut-on imaginer que

que celle qui nous donne par vne viue foy, vne entiere victoire du monde, & de nous mesmes? deffaitte qui paroist en la suitte de la vocation Religieuse. Et cependát oyez jargonner les mondains, ils ne manqueront pas s'il y a tant soit peu d'apparence, de dire de ceux qui les quittent inopinément pour se ietter dans les Cloistres, que c'est quelque desespoir qui les y pousse, & que la honte les y retiendra. Comme s'il y auoit du blasme à entreprédre par desespoir vne si digne action, & à ne la quitter point par vergoigne, pour ne tomber dans

dans la reproche de l'Euangile, faite à celuy qui auoit cōmencé à bastir, & ne pouuoit acheuer. Or est-ce pour desabuser les esprits, & pour combattre cette erreur populaire, que ie mets au iour ce SAINCT DESESPOIR D'OLEASTRE ; affin que dans cette Histoire, & celles qui luy sont liées on reconnoisse par la diuersité des desespoirs qui y sont representez, qu'il y a des odeurs de mort, qui causent la mort, & des odeurs de vie, qui la conseruent, IESVS-CHRIST estant vne pierre d'edification à ceux qui se
fon

Preface.

fondent sur luy, mais vn rocher qui escrase ceux sur lesquels il tombe. Qu'heureux sont ces desespoirs ambitieux qui font quitter les vanitez de la gloire passagere du monde, pour aspirer aux veritables grandeurs de l'immortelle felicité. Que tres-heureux sont ces amoureux desespoirs qui relancent des creatures vers le Createur, qui font changer la terre au Ciel, & qui transforment l'amour humaine en la diuine, & les oignons d'Egypte en vne manne miraculeuse. le mauuais desespoir change la verge en serpent, mais le bon

trans

transmüe le serpent en verge, & en verge de direction au Royaume de Dieu. O que benit est ce desespoir qui nous chasse par vne sainte conuersion vers l'attente de la bien-heureuse esperáce, & de l'auenement du grand Dieu, entre les bras duquel se ietter mesme par desespoir est l'acte le plus heroïque du monde. Mais il est temps que nous confirmions cette verité par exemples, & qu'entrás dans nostre Histoire nous ne retardions pas d'auantage l'auide curiosité du Lecteur.

OLEA

OLEASTRE.
LIVRE I.

Es Academies de France ne cedent plus en rien aux plus fameuses d'Italie. Or par ce mot ie n'entends pas les Vniuersitez, où la ieunesse est instruitte en la connoissance des bonnes lettres ; car chascun sçait que la Gaule mere des arts & des sciences, a tousiours esté la source de toutes les escoles

des

des autres natiós: & l'anciéne fiction de l'Hercule Gaulois témoigne que ce n'est pas d'auiourd'huy que les François sont estimez pour l'eloquence, & pour estre experts en l'industrie de persuader, & de bien dire. Ie veux donc entendre ces reduicts, ou, si vous le voulez ainsi, ces assemblées, où la Noblesse est esleuée sous des Escuyers sages & experimentez, & dressée soit à manier les cheuaux, ou les armes, soit és autres exercices conformes à sa naissance & à sa condition. Elle n'a donc plus que faire de mandier chez les estrangers

gers ce qu'elle a de son cru, ny d'emprunter des autres païs des addresses dont elle a de si bons maistres en son enceinte. Et comme Paris cette Ville incomparable est le centre de cet Estat, & côme la mer où tous les ruisseaux arriuent, c'est dedans ce petit-monde que se treuuent des Academies si perfaittes, que nos Gentilshommes y abordent de toutes les Prouinces de cette Monarchie pour s'y perfectionner. En l'vne des meilleures & des plus signalées se rencontrerent deux ieunes Gentilshómes de diuerses côtrées, mais
de

de qualitez si conformes que cette sympathie fit naistre entr' eux vne amitié, qui va du pair auec ces couples d'amis dont l'Antiquité fait tát de feste. L'vn estoit de Poitou, & fils d'vn Seigneur fort estimé de HENRY le Grand, & qui auoit dedás cette Prouince là vn Gouuernement d'importance. L'autre estoit Champenois, & dont le Pere auoit vne belle charge en la maison du Roy, qui le tenoit en rang & en consideration aupres de son maistre, lequel d'ailleurs faisoit estat de son merite & de sa vertu. Les deux Peres se voyoient quelque quefois à la Cour, où ils auoient blanchi à la suitte & au seruice d'vn mesme Prince, le Poiteuin y venant quelquefois, soit pour y rendre conte de sa charge, soit pour se faire payer de ses appointemens, soit parce que c'est l'element de ceux qui dans les dignitez qu'ils ont, aspirent à de plus grandes, & qui pour cela ont besoin de se tenir en la fraische memoire de celuy qui les peut donner, & qui a en ses mains leurs bonnes ou mauuaises auantures. Le Chápenois y estoit pour l'ordinaire, c'estoit son air, son exercice, son habitude, de, ayant mis son repos dans l'agitation inseparable des Courtisans. Ces deux vieux routiers ayás appris l'estroitte affection qui s'estoit formée entre leurs enfans, en firent naistre entr'eux vne cōmunication plus ordinaire, aises que cette ieunesse leur enseignast le support que les amis se doiuent les vns aux autres dans les fascheuses rencontres, qui sont si frequentes dedans le móde. Les noms de ces deux Peres non autrement necessaires pour l'intelligéce de cette Histoire, se termineront dans les simples appellations des Prouin uinces de leur naiſſance; mais les enfans cóme principaux chefs de cette narration, ſe feront connoiſtre, l'vn (c'eſt le Poiteuin) ſous le nom d'Armiante ; l'autre (qui eſt le Champenois) ſous celuy de Cariton. C'eſt vne merueille qu'en vne ſi grande ieuneſſe ils ayent peu pratiquer vne ſi perfaitte amitié, &, qui eſt l'importance, ſi vertueuſe, veu qu'il faut tant de bonnes parties pour la faire naiſtre, & la maintenir, qu'entre les ames les plus accomplies à peine peut-elle ſe rendre ſignalée. De là vient que les Hiſtoires ſont ſi rares de ceux qui

qui en vn mesme sexe ont pratiqué vne bienueillance constante, forte, & égalemét accompagnée de lumiere que de chaleur. C'estoient les deux doigts d'vne main, les deux bras d'vn corps, les deux yeux d'vn chef, deux ames plustost vnes qu'vnies, plustost les mesmes que jumelles. Si l'affirmatiue & la negatiue semblables, si la cõformité de vouloir & ne vouloir pas fait, comme dit cet Ancien, la vraye amitié, celle-cy l'estoit, car ce qui plaisoit à l'vn, aggreoit à l'autre, & ce que l'vn fuyoit, l'autre ne le pouuoit souffrir; ils

ils s'entr'aydoient en leurs exercices, s'entredisoient librement leurs deffauts, & par ce support & ces corrections franches & sinceres on les voyoit profiter de iour en iour plus que leurs compagnons, tant est vray ce qu'a dit ce Sage Grec, que rien ne nous fait tant auancer en la vertu qu'vn perfaict amy, ou vn grand ennemy, parce que l'vn & l'autre sont des Lynx en nos manquemens, dont l'vn nous repréd par dilection, l'autre par malice; & tout cela, si nous nous en corrigeons, reüssit à nostre vtilité. Bien qu'ils fussent ex-

tremement modestes & retenus (chose rare parmy ceux de nostre nation en cet âge, & en cette qualité) si ne pouuoient-ils euiter les escueils de l'insolence de quelques esprits mal faicts & bigearres, qui pensent bien auoir du courage quand ils sont insupportables & querelleux. or en ces rencontres qui frappoit l'vn de nos Amis, touchoit l'autre, & comme leurs bienueillances estoient semblables, leurs auersions aussi estoient en communauté. Les arrogans inconsiderez & temeraires craignoient pour cela d'en heurter vn,
sça

sçachans qu'ils auroient aussi-tost l'autre sur les bras, & qu'Hercule mesme ne l'entreprédroit pas contre deux. Ils alloient ainsi au contentement de leurs parens & de leurs maistres croissans en âge, & en sagesse deuãt Dieu (car mesme leur inclination les portoit à la pieté, estans nez de familles fort Catholiques) & deuant les hommes. Il faisoit bon veoir ces ieunes plantes arrangées sur le courant des eaux de la grace, ornées d'vn âge fleurissant & plein de verdeur, qui promettoit des grandes choses en l'arriere saison, ou pour

par

parler auecque le Royal Chantre,

Ils estoient tout ainsi que ces belles oliues
Qui du fameux Iourdain bordent les vertes riues,
Et de qui nul Hyuer la beauté ne destruit,
Les ruisselets d'eau viue autour d'elle gazoüillent,
Iamais leurs rameaux verds leur Printĕps ne dépoüillĕt,
Et tousiours il s'y treuue ou des fleurs ou du fruict.

Tandis que leurs occupatiõs toutes pareilles les tiennent attachez à l'acquisition des habiletez requises en ceux de leur profession, leurs ames ont

ont leur repos dans ce trauail honneste ; car comme les crapauts & les serpens ne s'engédrent pas dans les eaux courantes, de mesme les passions desreiglées, & qui troublent la raison ne tirent pas leur origine de l'action, ouy bien de l'oysiueté, comme d'vne eau relante & pourrie. Tant que toute autre conuersation que la leur propre leur despleut, & tout autre entretien que celuy de leur apprentissage, ils furent heureux, & vescurent en grande tranquilité ; mais comme la peine à la longue donne de la fatigue, ces laborieux exer-

cices

cices les porterent à chercher quelquefois du diuertissemēt hors de leur Academie. Que faites-vous ieunes auettes? cet essor parmy les fleurs escartées nō seulemēt perdra le miel de vostre douceur, mais si quelque tourbillon vous surprend, il vous fera perdre la route de vostre ruche, & vous mourrez si vous demeurez égarées. pauures papillōs, vous vous perdrez à la lueur de tant de flābeaux qui brillent, ains que bruslent dans le Ciel de cette grande Ville; Paris est le Paradis des yeux, mais l'enfer des esprits. pauure ieunesse inconsiderée, qui
vas

vas comme vne innocente perdrix suiuant le lustre d'vn miroir qui te trompe, & le son enchanteur du reclam qui te pippe, & qui te perd. Au dedans de leur demeure ordinaire s'ils sont tousiours ensemble, ils ne se separent iamais quand ils vont dehors, d'où l'on prenoit occasion de les appeller les deux freres, & telle estoit leur alliance. S'ils alloiét à la Cour, leurs Peres estoient rauis de les veoir de si bonne intelligence, car ce bon accord faisoit qu'ils s'excitoient l'vn l'autre à toute sorte de ciuilité, d'honnesteté, & de gentil-
B 4   lesse.

lesse. Ils estoient propres & bien vestus, rien de trauers, de deschiré, de destaché, rien de mol & d'effeminé autour d'eux, mais vne grace virile & genereuse, qui paroissoit en leur port & sur leur front, témoignoit assez euidemment leur courage. Les Peres voyent croistre ces ieunes arbres auec estonnement; mais comme le serpent se glisse sous la verdure de l'herbe, que de picquás sont sous ces belles roses, que cette terre si grasse, & qui promet vne belle recolte, produira des ronces & de chardons, qui deschireront les cœurs de leurs parens;

parens, dont voicy les miserables semences. Le Diable ennemy iuré de la paix du cœur & de la vertu, tend des pieges de toutes parts, & côme vne araignée pestilente iette ses toiles par tout, pour y surprédre les ieunes cœurs, helas! aussi volages que des mousches. Comme leurs visites estoiét en mesmes lieux, ils hantoient aussi les mesmes compagnies, & ils firent naufrage en mesme port, & contre vn double escueil, ainsi que nous allons deduire. En leur voysinage se tenoient deux sœurs, ieunes, belles, vertueuses, de noble extraction,

ction, mais de facultez mediocres, leur Pere estoit veuf, qui auoit deux fils employez dans les armes, & qui se reposoit sur ses filles bien nées, & bien esleuées de la códuitte de sa maison, & de son mesnage, vacquant au reste aux autres affaires de sa famille, qui requeroiét la main du maistre. Comme elles estoient accortes & gentilles, & filles qui tendoient au mariage par les voyes de l'honneur & de la vertu, aussi auoient-elles assez d'esprit pour recónoistre que la bonne grace, & la gentillesse suppléét quelquefois au deffaut des

des moyens, & adiouſtent vn grand poids à des facultez mediocres. On ſçait aſſez quelle eſt la couſtume de la Fráce dans les conuerſations, leſquelles ſuſpectes aux eſtrágers, dans la candeur de nos mœurs n'ont rien que de ciuil, de licite, & d'honorable. Les filles de cette ſorte non ſeulement peuuent, mais en quelque façon doiuent eſſayer de ſe rendre aggreables à tous, pour en gaigner vn, auquel eſtans par les loix d'Hymé legitimemét acquiſes, alors elles ne doiuent plus aggreer qu'à ſes yeux, ny ſe plaire en autre compagnie que

que de celuy auquel le Ciel les a destinées. Nos deux freres se treuuerent de naste à ces deux feux, soudain que ces deux visages leur parurent, ils perirent, & comme le feu est plus ardant en vn bois verd, leur âge qui n'estoit que de dixhuict à vingt ans, les rendit d'autant plus enflámez qu'ils auoiét moins d'experience. Leurs qualitez, & leurs naissances leur donnerent vn tel acces en cette maison là qu'ils eussent peu desirer, l'accueil y fut semblable à l'acces, & en peu de temps ces estincelles firent vn grand brasier en leurs cœurs,

cœurs, que l'eau de leurs larmes rengregea pluſtoſt que de l'eſteindre. Ce n'eſt point à moy de deſcrire la naiſſance, le progrés, & les particularitez de ces affections, puiſque laiſſant ce qu'il y a de friuole, ie ne dois rechercher que ce qu'il y a de ſerieux & d'inſtructif en cette Hiſtoire. Ie remarqueray ſeulement cette ſingularité comme fondamentale, & d'vn recit neceſſaire pour la connoiſſance de ce qui ſuit en cette rencontre, c'eſt que les deux ſœurs, dont nous voylerons les noms de ceux d'Oriane & Melicerte, ſe treuuerent auſſi bleſſées.

blessées que les deux freres, mais de traicts si differens que de là nasquirét d'estranges conionctures. Nos Academiques deuoient auoir appris en l'instruction des fortifications, que les batteries des places assiegées qui se font an croix sont les plus dangereuses, & celles qui font les plus vastes ruines. telle fut celle de ces quatre cœurs frappez d'vne façon croisée, & par vne opposition si estráge, qu'elle pensa comme vne mine furieuse bouleuerser tous ces esprits; aussi excita-t'elle des broüilleries si estranges que Dedale ne fit

fit iamais son labyrinthe à tant de replis, & nos Thesees ne treuuerent point de filet pour se deueloper des contours de ce Meandre, que par vne mort naturelle & ciuile, ainsi que nous ferons veoir. Voicy comme se croiserent ces affections, Amiante ayma Melicerte, & Cariton Oriane ; mais il y eut si peu de correspondance de la part de ces Damoiselles, qu'Oriane ne pouuát souffrir l'abord de Cariton, cherit Amiante d'vne passion extraordinaire, & Melicerte de mesme ayma Cariton, la rencontre d'Amiante luy estant odieuse
& in

& insupportable.
> *O Cieux arbitres de la terre,*
> *Exempts de contrarietez,*
> *Pourquoy souffrez-vous cette guerre*
> *Parmy toutes ces volontez?*

Mais à quoy faire accuser l'innocence des estoiles de l'incósideration de cette ieunesse coulpable, comme si l'influence des Astres, qui ne peut tout au plus qu'incliner les humeurs, auoit quelque ascendant sur la liberté & la franchise des esprits? Comme si le destin n'estoit pas vne Chimere,
> *De qui l'on parle assez, &*
> *qui ne fut iamais.*

Que

Que si l'accord & le discord composent le monde, selon Empedocle, & si la perfaitte musique se forme des tons contrepointez, il n'en est pas de mesme des humeurs differentes, & des inclinatiõs contraires, car elles font en la societé humaine vne diuision fascheuse, vne cacofonie desaggreable. Si nos ieunes freres demeurent comme interdis & perclus tout à coup, il ne s'en faut pas estonner, puis qu'ils estoiét atteints au beau milieu du cœur. Des-jà vne sombre melancolie les occupe, leurs esprits se rongent en silence, rien ne leur est si cher que

que leurs propres pensées, ils se distraiēt peu à peu de leurs ordinaires entretiens, pour mascher leur frein à part, & pour aggrandir en resuant l'vlcere qui les deuore. Ie n'ay que faire d'estendre d'auantage la peinture de leur passion, il suffit de dire qu'ils ayment, & que toute autre occupation que celle qu'ils employent autour de l'obiect cheri, leur est pesante & ennuieuse. L'amour ou naist dans l'oisiueté, ou la faineantise prend son origine dans cette passion, qu'vn Ancien appelle l'action de ceux qui n'ont que faire. On les voïd mani manifestement changer de visage & d'entregent, la viue ioye s'esuanoüit de leurs fronts pour faire place à la palleur & à la tristesse. Rien ne les peut contenter que ce qui les plonge dans la resuerie. Ces exercices militaires & genereux auparauant tant aymez & embrassez auecque tant d'ardeur, leur sont à degoust, parce que leur palais est remply d'vne amertume qu'ils tiennent pour la plus exquise de toutes les douceurs. Ce nouuel hoste, ce petit boutefeu s'estant emparé de leurs courages, en bannit tous les beaux desseins,

seins, pour regenter tout seul ces places où il establit son Empire tyrannique. Imitans la Reine de Carthage, qui laissa le soin de ses bastimens, & des fortifications de Sidon, aussi-tost que l'idée d'vn bel estranger se fut empreinte en son ame, ils effacent des leurs le soucy de leur apprentissage, pour se mettre sous vn ioug qu'ils treuuent d'autant plus suaue qu'ils en ont moins d'experience. L'amitié qui se nourrit de la communication, comme les plantes d'humidité, & les lampes d'huile, diminue à veüe d'œil entre ces deux Amis, à mesure

re que leur bienueilláce s'aggrandit pour d'autres obiects, tant sont grands les auantages d'vne passion desrciglée & aueugle sur vne affection raisonnable & moderée. Chascun d'eux cache son feu sous la cendre d'vne feinte modestie, & d'vn silence côtrainct, secret qui en rend l'ardeur d'autant plus cuisante; tout ainsi que la flamme des fournaises est d'autant plus forte qu'elle est plus resserrée. Adieu cette confiance, fille aisnée de la vraye amitié, l'vn se deffie de l'autre, craignans & soupçonnans ce qu'ils essayoiét, mais
en

en vain, de ne pas croire. mais quoy ?

L'amour ne va iamais sans soupçon & sans crainte,
Et sa flamme s'accroist plus elle a de contrainte.

Ce qui les met en ceruelle, c'est que chascun d'eux void son compagnon caressé de celle qu'il ayme. principe de ialousie qui n'est pas petit, & comme cette passion a des yeux plus penetrans que le Lynx, puisqu' elle void & ce qui est, & ce qui n'est pas, la moindre action qui frappe leur imaginatiue des-ja blessée, leur donne des conuulsions qui ne sont pas petites, car

car ils se treuuent partagez entre l'amour & l'amitié, ne sçachans bonnement laquelle de ces deux affections ils deuoient rompre pour la conseruation de l'autre. tous deux neantmoins concluoiét à la preferéce de leur amour. Disons vn mot de l'estat, & de l'esprit des sœurs, lesquelles plus fines & plus dissimulées, & presque de l'âge de ces ieunes gens, auquel celles de ce sexe sont plus rusées, & ont vne prudence qui surmonte leurs ans, sceurent se preualoir de cette affectió qui leur fut témoignée, voyás qu'elle leur estoit si honorable

ble & si auantageuse. Car outre les qualitez qui rendoient ces Medors fort aymables en leurs personnes, leurs maisons & leurs biens n'apportoient pas vn petit lustre à leur bonne grace, pour esblouïr tout à faict le iugement de ces inconsiderées. Leur Pere auerty de cette pratique, & qui sage & meur sçauoit se mesurer selon la connoissance qu'il auoit de son estoc, & de ses moyens de beaucoup inferieurs à ceux de cette ieune Noblesse, voulut obuier aux inconueniens qui pourroient suruenir, s'opposant autant qu'il peut à la naissan naissance de cette affection, remonstrant à ses filles l'inégalité de leurs conditions, la vanité de leurs esperances, & leur conseillant de ietter ailleurs leurs desirs & leurs attentes, pour ne se veoir deschoir, ou plus honteusement deceuoir par ceux qui n'estans pas à eux, ne pouuoient estre à elles qu'en surmontant des obstacles qui luy sembloient inuincibles.

Mais que ne peuuent esperer
Ceux qui veulẽt tout endurer,
Pour paruenir au but où porte
 leur courage
  L'ambitieuse rage?
Ces remonstrances paternel-

les font aussi peu d'impression dans ces ames, qu'vne pierre iettée dans le courant d'vn fleuue, ny pour cela cessent les frequentations. Et comme les deux sœurs ont vn mesme dessein de se veoir hautement & richement pourueües, aussi desireroient-elles d'autre part l'estre à leur gré, c'est à dire, selon le choix de leurs inclinations ; & c'est ce qui les trouble, & en fin qui les broüille : car comme le feu s'esprend aisément en des matieres legeres & combustibles, celuy de la ialousie succeda facilement à l'ardeur de l'amour en ces courages

foi

foibles. Qui ne void à la disposition de ces nuages remplis de qualitez si opposées, qu'vn grand orage se prepare, qui creuera en esclairs, en tonnerres, & en pluyes de larmes & de sang ? Oriane croit que les yeux de sa sœur luy desrobent celuy qui est la lumiere des siens ; Melicerte est dans les mesmes ombrages. mais comme elles sont moins capables de couuer vn secret que les hommes, elles en viennent plustost aux paroles, & en se picquant de la langue, ce fut vn coup de rasoir affilé qui ouurit l'aposteme de leurs fausses opinions,

nions, & qui les guerit de leur ialousie, non pas de leur amour ; car comme elles se fussent descouuertes en colere, & qu'elles eurent reconnu que leurs obiects estoient differens, leur differend cessa aussi-tost, le Soleil parut soudain apres cet orage, & leur querelle estant appaisée, elles se iurerent l'vne à l'autre vn mutuel support pour arriuer au but de leurs legitimes pretensions. Il fut aisé à ces fines femelles de circonuenir les cœurs de nos ieunes Amans, puisque la taye estant tombée de leurs yeux, elles combattoient contre des Andabates.

bates. Car comme elles eurent reconnu les premieres leur mesintelligence, & appris par le langage de ces poursuiuans, qui comme des oyseaux se descouuroient par leur ramage, que leurs affections estoient opposées, les sœurs se promirent vne fidelité en leur cõduitte, & d'employer toutes leurs industries pour se renuoyer l'vne à l'autre, soit par persuasion gracieuse, soit par rudesse, le tout par subtilité, celuy sur qui elles auoient ietté leur affection. Artifice qui pensa ietter la pomme de discorde entre nos Gentilshommes, &

les

les mettre aux cousteaux, sans sçauoir distinctement pourquoy, car chascun d'eux se voyant rebutté de celle qu'il affectionnoit, & son compagnó en receuoir des caresses, ils s'imaginerent des trahisons auāt que s'estre descouuerts l'vn à l'autre de leurs flammes. Si qu'ils ne se pouuoient plus supporter, ny se veoir de bon œil, estans sur le point de mettre fin à leur vie, ou à leur doute par vn sanglant duel aussi furieux qu'aueugle, si par bonheur, auant qu'en venir aux effects ils ne se fussent pris de paroles. Ce fut comme aux deux sœurs

sœurs la guerison d'vne partie de leur mal, au moins le masque fut leué, les ombres dissipées, & l'amitié restablie, puisque non seulement elle se treuua compatible auecque leur amour, mais propre à luy seruir de soustien. S'estans donc descouuerts l'vn à l'autre iusques au fonds des entrailles, & ayans par là reconnu auecque sincerité que leurs maux estoient veritables, & leurs soupçons faux, Amiante se declara passioné de Melicerte, & Cariton d'Oriane, & de cette sorte chascun fut content, & sans ialousie, se iurans vne inuiolable

ble loyauté pour ce regard, & de s'entr'ayder mutuellement en leur recherche, qu'ils colorerent du beau deffein d'vn legitime mariage. Mais si d'vne part ils content sans leurs hostes, c'est à dire, s'ils s'embarquent sur cette mer sans le congé de leurs parens, ils y frettent entre deux Sirenes, qui les sçauent si bien charmer & amuser, qu'ils sont comme des Tantales alterez au plein courant des eaux, & perissans dans leur propre remede,

Comme vne nef qui brusle au milieu de la mer.

Car tout ainsi que ceux qui sont

sont assiegez dans vne forte place, ont vn grand auantage sur ceux qui les bloquét, en ce qu'ils ne tirent qu'à couuert, si qu'ils frappét bien plus aisément les assiegeans qu'ils ne sont blessez: de mesme ces filles bien plus fines que ces oyseaux niais, retranchées dans vne finesse couuerte de modestie, les sçauent si bien leurrer par leurs mutuelles intelligéces, que tout ce qu'ils pensent faire pour s'establir dans l'affection de celle qu'ils cherissent, se tourne à leur desauantage, tant Oriane sçait accortement se desprendre de Cariton, pour le renuoyer à sa sœur, & Melicerte d'Amiante, pour le releguer comme en exil auprés d'Oriane. Ce qui met nos poursuiuans en des agonies qui se peuuent mieux entendre qu'exprimer. Au commencement ils crurent que c'estoit vn artifice de ces finettes, pour les engager plus fortement à leur recherche, mais au progrés ils reconnurent euidemment que leurs passions estoient ainsi opposées. Ce qui les mit en des peines, & en des broüilleries incroyables : car c'estoit proprement l'ouurage des Danaides, ou rouler la pierre de Sysife,

Syfife, d'autant que tout ce qu'ils pouuoient faire d'vn costé, estoit ruiné de l'autre, chascun iouant vn personnage cōtraire à son inclination, & s'efforçant de changer le cœur qui de son amant, qui de son amante. O si tous quatre ensemble ils eussent franchement descouuert les vns aux autres ces contrarietez! mais c'est à quoy ils ne peuuēt se resoudre, & à quoy ils n'osent seulement penser: car qui sera celuy qui le premier parlera de changemēt, puisque leur determination oste cela de leur choix & de leur puissance? Chascun penseroit estre coulpable d'vn crime irremissible d'en faire seulement la proposition, si que leur trauail mutuel consiste à qui fera le grand œuure du changement, comme s'ils cherchoiét la pierre philosophale. Tandis qu'ils vont tissant ces toiles d'araignées, & que cóme des vers à soye ils s'enuelopent en leurs propres ouurages, se filans des prisons & des liens, plusieurs partis se presentent conformes à la condition & aux facultez de ces filles, qui sont si rudement rebuttez par elles, & si furieusement écartez par nos Academiques, que

iamais

iamais les pommes d'or des Hesperides ne furent gardées par des Dragõs plus furieux & plus vigilãs. Pauures ignorantes, qui font comme le chien de la fable, lequel quittant le corps pour l'ombre, n'eut en fin ny l'ombre, ny le corps. Gelase Gentilhomme de la Cour, & attaché à la suitte d'vn Prince, ayant ietté les yeux sur Oriane, & sceu quelles estoient ses facultez, estima que les siennes pourroient en cela seconder ses affections, & que ce parti luy seroit sortable. Apres quelques visites faites par bienseance en apparence, mais en en effect auecque dessein, ayant sondé son courage par des offres de seruice plus pressantes que les complimens ordinaires, & ayant ressenti l'aspreté d'vn rebut, & d'vn mespris, qui eust esté capable d'en degouster vn moins passioné qu'il n'estoit, vainquant cet outrage par son affection, il se resolut de la faire demander à son Pere par l'entremise d'vn Seigneur de marque. ce Pere ayant ietté l'œil sur les commoditez & les qualitez qui rendoient Gelase recommandable, prenant cette occasion au poil, promit sa fille à cette demande, de, sans se donner le loisir de s'enquerir de sa volonté, estimant que comme vne fille bien esleuée, elle n'en auroit point d'autre que la sienne; mais il se treuua bien esloigné de son conte, lors que luy pensant donner la bonne nouuelle du mariage, auquel il s'estoit engagé pour elle, il ne leut pas seulemét és changemens de son visage les alterations de son esprit, mais sans cacher autrement de mauuaises excuses sous de belles paroles, elle luy declara rondemét qu'elle ne pouuoit estre à Gelase, son inclination l'ayant desja portée vers

vers Amiante, si bien qu'elle ne luy pouuoit donner vn cœur qui n'estoit plus à elle, ne voulant pas au reste faire cette trahison à vn mary de luy bailler vn corps dont il ne possederoit pas l'ame. Alors ce Pere que nous appellerons Cerinte, vid bien que nonobstant ses remonstrances les affections de ces ieunes Seigneurs s'estoient emparées de l'esprit de ses filles, & que pour n'en auoir pas diuerti la conuersation, & la pratique auecque la seuerité, dont se fust seruie vne mere en semblable occurrence, ou il arriueroit de la broüillerie
de

de ces attachemens, ou ils feroient perdre à ses filles sur de vaines apparences de veritables esperances, & des partis honorables, où dans l'égalité des fortunes elles treuueroient plus de repos, & de contentement qu'en des pretensions ambitieuses. Il dissimula prudemment la verité, ou si vous le voulez ainsi, l'ouuerte replique de sa fille, l'admonestant auecque douceur de ne faire point comme les chasseurs, qui laissent d'ordinaire la proye dont la prise est facile, pour suiure celle qui les fuit, & qui souuent leur eschape, que la vanité
com

compagne inseparable de la beauté en auoit porté plusieurs dans le precipice de leur ruine, qu'il se falloit mesurer, non se guinder trop haut comme Icare, pour se signaler par vne cheute honteuse. Que l'âge des filles passe comme la fleur, qui n'est aggreable qu'ē sa fraîcheur, que ceux qui les amusent les abusent, & que leur temps estant passé elles sont le rebut de ceux-là mesmes qui les ont adorées. Que c'est vne marchandise dont le plus prompt debit est le meilleur, puisque le temps la gaste, & la garde en est perilleuse, &

pareil

pareille aux vins delicats faciles à se tourner. Que le bonheur des mariages prouenoit de l'égalité des conditions, l'inégalité des fortunes estát tousiours sujette à beaucoup de mescontentemens en la suitte de la vie. que les desseins & les proiets releuez sont ainsi que le front des sourcilleuses montagnes, sujets aux tourbillons & aux orages. Ie serois trop long si ie voulois rapporter icy les raisons qu'il auança pour la diuertir de la folle attente qu'elle auoit à l'alliance d'Amiante, & pour la persuader d'entendre à celle de Gelase, d'au d'autant plus facile & plus prompte qu'elle estoit plus proportionnée & plus égale; mais tout cela fut semer sur le sable, & ietter des paroles au vent. Pour preuenir les desastres qui pouuoient naistre de cette accointance, il n'osa par deffendre à ses filles la veüe des deux Amis, de peur & d'irriter leur passion par cette contrainte, & d'offenser ces deux Gentilshommes qu'il eust bien desirez pour gendres, mais que la mediocrité de sa fortune luy deffendoit d'esperer. Il s'addresse aux Peres, qui estoient lors à Paris, les priant d'vser sur leurs

leurs enfans de l'auctorité qu'ils auoient, pour leur faire perdre le chemin de sa maison, en laquelle ils ne pouuoient frequenter honorablement, puis qu'ils ne pouuoit pretendre à leur alliance. En cela Cerinte monstra que s'il auoit peu de biens, il estoit riche d'honneur, & qu'il ressembloit à la mer, laquelle reçoit tous les plus grands fleuues, mais sans aucune ordure. Gelase d'autre part ialoux de l'honneur de celle qu'il recherchoit, & qui luy auoit esté promise par Cerinte, sçachant que le seul Amiante reuoltoit ainsi contre

tre luy les volontez de celle qui luy estoit accordée, se preparoit auecque ses amis à faire vne rude guerre à nos ieunes Academiques, & à faire perdre la trace à ces oyseaux d'vne queste dont la conqueste ne leur pouuoit estre legitime. Entre Gentils-hommes la mesure c'est l'espée, la Noblesse faisant estat du courage plus que des reuenus. Gelase homme tout faict ne se promet rié moins que de mettre la terreur si auant dans le cœur de ces ieunes Escoliers (ainsi les appelle-t'il) qu'il les empeschera de troubler en luy vn marché

ché qu'eux-mesmes ne peuuent noüer estans en la puissance d'autruy ; mais d'autre costé s'il pésoit qu'attacquer deux Lyonceaux n'est pas vne petite entreprise, il auroit la moitié de la peur. Tádis qu'il estoit sur le point d'executer vn dessein moins iudicieux que raisonnable, l'industrie de Cerinte reüssit plus heureusement, & empescha des meurtres. Car les Peres des adolescens iugeans combien ces partis estoient desauantageux & pour la gloire de leur sang, & pour le maintien de leur rang, apres auoir intimidé cette ieunesse de plusieurs

sieurs menaçes si elle ne se deportoit de cette frequentation chez Cerinte, & si elle ne se destachoit d'affection d'auecque ses filles, voyans que c'estoit ietter de l'eau sur vne forge, qui l'embrasoit plustost que de l'esteindre, nulles sortes d'aguets & d'espies estans capables d'arrester les secrettes veües, les menées & les intelligences de ces esprits aiguisez par l'amour, en fin pour assoupir ce feu auecque de la terre, ils s'auiserent d'entremettre vne longue espace de temps, & vne grande distance de lieux à ces visites, affin que la priuation

uation des objects effaçast insensiblement de leurs memoires ces idées que la presence enfonçoit si auant en leurs cœurs. La pratique de ce remede a tousiours si bien succedé, que par le iugement de tous les sages il est tenu pour le plus souuerain, & le plus vniuersellement conseillé. Le voyage d'Italie est choisi pour ce sujet, auquel quoy que resistent nos freres d'alliance, & beaux-freres en desir, il se faut resoudre: car ils sont sous le bras & la puissance de Peres qui se sçauent faire obeïr auecque la main, quand la voix n'est pas assez

assez forte. Vous pouuez iuger par la generosité des enfans de la valeur de ceux qui les auoient mis au monde, car les Colombes ne font pas des Aiglons. De vous dire le rauage que cet escart fit en ces quatre cœurs, il n'est ny de mon dessein, ny de ma puissance, il le faut laisser imaginer à ceux qui doublement esclaues, & plustost qui sujets à deux maistres, se voyent en mesme temps soumis à deux volontez differentes. Mais comme dans les Cieux le premier mobile entraine les autres spheres, qui luy sont inferieures, il faut caler la voile le sous l'auctorité paternelle, & faire vertu de la necessité. Vne plume moins hastée exprimeroit icy à loisir les regrets de cette separation, les souspirs de la contrainte, les vœux & les protestatiõs d'vne inuiolable fidelité, & les resolutions de ne changer iamais de cœur bien qu'ils changeassent d'air & de terre. Que ce Poëte nous preste son pinceau pour en faire veoir en ce crayon vne foible idée.

Nulle infortune a le pouuoir
De nuire à celuy qui peut veoir
Ce qui rend son ame embrasee,
Ses tourmens ne sont que des
fleurs,

Quand cet obiect seche ses pleurs
Comme le Soleil la rosée.
Mais l'insupportable tourment
Que donne vn dur esloignement,
Est vn continuel martyre.
Car si d'vn sujet trop ardant
On se plaint en le regardant,
Beaucoup plus quand on s'en retire.
De pareille inégalité
Le More du chaut agité
Blasme la clarté desirée,
Qui trop viue à midy reluit,
Et quand il sent venir la nuit
Pleure de la veoir retirée.
Ie suis de miseres suiui,
Soudain que l'object m'est raui

Qui

Qui me leue toute amertume,
Et ie voy qu'en l'esloignemēt
On se plaint par ressentiment,
Comme en presence par cou-
stume.
Desja seulement de penser
Qu'il me va bien-tost eclipser,
Rend mon esprit si plein d'a-
larmes,
Et de tant de mal à la fois,
Que l'air estouffé de ma voix
Se transforme en l'eau de mes
larmes.
Mes larmes seront mes discours,
Puisque par tout où ont leur
cours
La bienueillāce & la memoire,
Des pleurs le langage frequent
Rend mesme le mal eloquent.

Qui par eux se fait veoir & croire.

*Ou bien si mes maux violans
Arrestent mes pleurs distillans
Sechez de ma flâme enfermée,
Ie feray veoir en souspirant
Qu'vn grand feu me va de-
uorant,
Dont mes souspirs sont la fu-
mée.*

Et ce qui redoubloit les plaintes & la douleur en ces ames blessées, & qui les mettoit presqu'à la porte du desespoir, c'est qu'ils voyoient vne gresle impiteuse d'absence rauager les fleurs de leurs affections non encore espanoüies, ny ouuertement decla declarées, si qu'elles estoient comme ces enfans malheureux qui meurent dans les flancs de leurs meres priuez de la lumiere du iour premier qu'en auoir iouy, & de l'estre auant que de naistre. Voyez ieunesse inconsiderée en quels embarrassemens cōduisent des passiōs qui n'ont pas la raison pour guide. Amiante souspire pour le regret qu'il a de quitter Melicerte, Cariton pour Oriane, & les regrets des sœurs sont bien differens: car Oriane n'a des larmes & point de charmes que pour Amiante, & Melicerte des déplaisirs que

pour

pour la perte de Cariton. Et se separer sans desbroüiller toutes ces fusées, n'est-ce pas pour en mourir? chascun donne ce qu'il n'a pas, & chascun reçoit ce qu'il ne peut donner. Si Amiante prend congé de Melicerte, elle le luy baille auecque autant de facilité qu'à regret à Cariton, c'est ce qui le tue. Si Cariton le prend d'Oriane, de mesme : car elle n'a des souspirs que pour Amiante, c'est ce qui le desespere ; tous aymans & non aymez, & tous obstinez en cette inflexible bigearrerie. Quel cousteau d'Alexandre tranchera ce nœud plus que Gor

Gordien? Aux extremitez s'employent les extremes remedes, comme au pas de la mort se disent les paroles plus viues. Cettuy-cy iure des fidelitez à telle qui ne s'en soucie pas, l'autre fait des protestatiõs en l'air à vne qui les reiette. Si Amiante dit adieu à Melicerte, celle-cy court à Cariton. Si Cariton se recommande à Oriane, elle promet à Amiante de ne l'oublier iamais, qui entendit iamais vne telle frenaisie; Accordez-vous pauures esprits, autrement vous serez facilement mis en desarroy dans cette mesintelligence. Mais il il faut partir, & au milieu de ces deſeſpoirs ils ne laiſſent pas (ingenieux en leur mal) de conſeruer leur amour, chaſcun remettant au temps l'effect du changement qu'il ſouhaitte. C'eſt grand cas d'vne ame obſtinée en ſon mal, tant d'obiects de diuertiſſemét dont l'Italie eſt pleine, tant de differentes Cours qu'ils viſitent, & où ils ſont accueillis ſelon leur merite & leur qualité, tant de belles Academies où ils font plus paroiſtre leur dexterité qu'ils n'y apprennent d'addreſſe, tant de changemens de lieux ne leur peuuent faire changer

ger de cœur. Comme des demons durant cette absence ils portent par tout vn enfer de regrets,

Ils pensoient qu'esloignant l'objet qui les enchante,
La flamme en seroit douce & le trait moins poignant,
Mais comme les tombeaux dont l'Egypte se vante,
L'excez de leurs ennuis s'augmente en s'esloignant.
Ainsi qu'vn fier torrent que la fureur transporte
Sans arrest, sans respect de pont, ny de rampart
Se va precipitant d'vne audace plus forte,
Plus il est esloigné du faiste

D 6   dont

dont il part:
Leurs yeux sont offusquez de mortelles tenebres,
L'image de la mort est peinte en leur couleur,
Leurs esprits sont errans, leurs discours sont funebres,
Et n'ont rien de viuant que la seule doulcur.

Vn an se passe sans que leur fiebure diminue, ils ont beau voyager par mer & par terre, ce feu gregeois brusle dedans les eaux comme dedans les bois, & rien ne les entretient que de penser sans cesse à ce qui les afflige, portans vn ver en leurs cœurs qui leur fait sentir mille morts à mesure qu'ils

qu'ils luy donnét la vie. Desja sans changer d'humeur & de resolution, ils auoient parcouru les plus fameuses villes d'Italie, & faict à Naples mere de la gentilesse, de la courtoisie, & des meilleurs exercices de Noblesse, vn notable seiour, lors que meditans leur retour pour la France, ils s'auiserent d'appliquer à leur douleur les remedes diuins au deffaut des humains, & de repasser par la sainte maison de Lorette, sans aller à Rome, où ils auoient desja demeuré quelque temps. Ils passerent docques la terre de Labour & la
Poüil

Poüille, & trauerserent l'Appennin pour se rendre en la marche d'Ancone, & comme ils estoient au milieu de ces montagnes, qui sont au milieu de toute l'Italie ny plus ny moins qu'vne areste au trauers du poisson, ils abborderét vn iour à vn beau Monastere de certains Religieux vestus de blanc, qui militent sous la Reigle de S. Benoist, & s'appellent les Moines de la Congregation du Mont-Oliuet, cet Ordre ne s'estend que par l'Italie, & a enuiron soixante & tant de Conuens fort riches & somptueux, dót le Chef est en Toscane au Dioce

Diocese d'Arezzo, en vne montagne qui s'appelloit Oliuet, d'où toute la Congregation a pris son tiltre. Trois Gentilshommes Siennois furent autheurs de cette Reforme en l'Ordre de S. Benoist, laquelle a fleury exemplairement en mœurs, & maintenāt en murs: car elle possede des maisons si belles & magnifiques, qu'en vne qui est à la porte de Boulogne, qui s'appelle S. Michel au bois, le Pape Clement VIII. & toute sa Cour y fut amplement logé lors qu'il alloit prendre possession de Ferrare, & remettre cette Duché

au

au domaine de l'Eglise. Comme nos Gentilshommes arriuerent en l'vne des maisons de cet Ordre, située au milieu de l'Appennin sur le chemin de Naples à Lorette, ils y furēt accueillis auec beaucoup de courtoisie, les Religieux de ce Conuent estans entre autres vertus fort addonnez à celle d'hospitalité si recōmandée en leur Reigle. Le portier ayant sceu que c'estoient des Seigneurs François, en les bienueignant leur dit qu'ils auoient en ce Monastere là deux Religieux de leur nation, qui estoient en grande estime de saincteté &
de

de bon exemple. Et comme c'est la coustume de ceux qui voyagent en païs estrange, de se reioüir extrememẽt à la rencontre de leurs compatriotes, ie vous laisse à penser si Amiante & Cariton manquerent à demander ces Religieux, pour s'étretenir auec eux des nouuelles de leur patrie, & veoir s'ils n'estoient point de leur connoissance, le portier leur ayant mesme apris qu'ils estoient Gentilshommes d'importance. Soudain qu'ils eurent pris leur chambre, & qu'ils furent raffraischis, parut en leur presence vn ieune Religieux,

dont

dont la couleur vermeille & blanche, & le poil blond accusoit sa nation : mais son langage le fit aussi-tost reconnoistre pour François. Il n'estoit pas encore Prestre, mais neantmoins il estoit destiné pour Pestre, & il seruoit au Chœur, son nõ estoit Dom Ferdinand : car en cet Ordre ils vsent de ce tiltre comme en celuy des Chartreux; son port & son geste, bien que son maintien fust Religieux & deuot, auoit ie ne sçay quoy de noble & de genereux. Apres les salutations ordinaires Amiante luy dit, vous estes dõcques mon Pere, re, l'vn de ces François qui estes venus en ce desert loin de voſtre patrie & de vos cónoiſſances, faire voſtre retraitte aux pieds de la Croix. auquel le Religieux respondit qu'il eſtoit François, & reſiouy de leur arriuée en cette maiſon où l'hoſpitalité rendoit les nations indifferentes, ce qui ſe fait pour l'amour de Dieu tant en la reception des Religieux que des hoſtes, ſe faiſant ſans acceptation des perſonnes : & qu'à ceux qui aſpiroient au Ciel toute la terre n'eſtoit qu'vn paſſage & non leur patrie. Mais encore nous ferez-vous

vous bien la grace, dit Cariton, de nous apprendre ce qui en vn tel âge, & en vne constitution si fleurissante vous a obligé à quitter la Frâce, pour venir en ces lieux escartez espouser vne condition de vie en vne Congregation tout à faict inconnue en nostre contrée. Cela, dit Dom Ferdinand, est vne longue Histoire, & qui demanderoit vn trop long-temps pour vous la raconter, bien qu'elle ne soit que l'accessoire d'vne autre si prodigieuse, qu'on ne peut assez admirer les secrets de Dieu en la conduitte de ses creatures, & qui par

par ce recit ne se rendroit à vne profonde adoration des merueilles de la prouidence eternelle, n'auroit aucun sentiment, ie ne diray pas de pieté, mais de raison. Ce peu de mots fit venir l'eau à la bouche, & monter la curiosité d'en sçauoir d'auantage en l'esprit de nos freres d'alliance, lesquels pressans d'vn cōmun accord ce Religieux de contenter leur desir par le recit de sa fortune, le voulurent faire asseoir en leur chambre, pour luy faire dire sur le chāp ce qui les tenoit en impatience. Mais Dom Ferdinand se disant enuoyé par le Superieur

rieur pour leur faire veoir les singularitez de la maison, & les entretenir de meilleurs discours, en se retirant les attiroit, & en se destournant de ce recit, aiguisoit d'autant plus la passion qu'ils auoient de l'entendre. Ils se laisserent aller volontiers à veoir les raretez de cette maison, qui en la splendeur des ornemens Ecclesiastiques, en la richesse des vaisseaux sacrez, en la netteté & politesse de l'Eglise & des lieux Reguliers, en la beauté des tableaux, en la suauité de l'air, en la douceur de só assiete, en la symmetrie des bastimens, & sur tout en

la

la grace des vergers, des jardinages & des fontaines, se peut dire vne des belles de la Congregation, & vne perle en ce desert. Mais tout cela ne leur leue point le desir de sçauoir qui auoit relegué en ce lieu solitaire ce ieune François, dont l'air leur sembloit si doux & la conuersation si aggreable. Au bout d'vne allée de Grenadiers & de Limons, ils entrerent sous vne tonnelle de Lauriers si touffus que la fraischeur, & l'obscurité y residoient en tout temps à l'ombre d'vn impenetrable füeillage, le voisinage d'vne fontaine, dont le mur murmure sembloit caqueter, les conuia de s'asseoir sur des sieges de terre tapissez d'vne mousse delicate & molle, & de s'entretenir doucement au bruit des eaux & des Zephyrs. Le Moine cedát à l'importunité des conjurations de ces Cheualiers, ne se peut honnestement excuser de leur faire en ce lieu le recit de ses auantures si estroittement vnies à celles d'vn sien compagnon qu'il auoit en ce Monastere, que comme iadis à Rome on ne pouuoit entrer au temple de la vertu que par celuy du trauail, il n'estoit pas en sa puissance

sance de faire bien entendre l'estat de sa conuersion, & de sa reception en ce Conuent, qu'il n'eust auparauant faict veoir le sainct desespoir, qui y auoit conduict celuy qui l'y auoit heureusement arresté. Il commença donc ces Histoires bessonnes de cette sorte. Messieurs, puisque vous me contraignez de r'ouurir les playes que ie m'efforce de souder tous les iours auec le cataplasme de l'oubly, ne vous estonnez point si quelquefois vous les voyez saigner par mes yeux: car c'est par là que s'escoule en larmes le sang qui sort des blesseures

E d'vn

d'vn cœur percé de mille douleurs. Car il seroit impossible au recit d'vne telle disgrace que celle qui par la misericorde diuine m'a chassé à ce port, de ne donner des pleurs, ie ne dis pas seulemét au souuenir que i'en ay, mais que vous mesmes n'en contribuassiez au sentiment de pitié dont vous deuez estre pourueus, si vous n'estes tout a faict dépoüillez d'humanité. Ie dis cecy à l'auantage, affin que tantost quand ie seray auancé en discours, & que mon discours sera trauersé de mes souspirs, ie ne sois point obligé d'excuser mes

mes sanglots, puis qu'ils seront necessaires. Non certes que le regret d'auoir quitté le monde, les tire de ma raison, mais parce que ie suis encore si mal mortifié, que ie ressens encore la rebellion de la partie inferieure, & de la loy du sens qui repugne à la loy de l'esprit, & qui contre ma volonté me fait souspirer apres la perte d'vn bien dont la possession m'eust esté dommageable. Vous sçaurez donc que comme ie suis le moindre de deux François que nous sommes en ce Conuent, non seulement en âge, mais en dignité (car ie ne suis pas encore Prestre, comme l'est mon confrere & compatriote) & principalement en vertu, en quoy consiste la vraye grandeur, aussi suis-je le dernier venu au ioug suaue de la Croix, & à la suitte de celuy dont le seruice est plus honorable que la possession des throsnes. C'est pourquoy, puisque nos fortunes sont jumelles, & puisque c'est vn mesme vêt en apparéce contraire, en verité tres-fauorable, qui nous a iettez en ce haure de grace, il est necessaire que ie vous face entendre par quel heureux malheur il est premieremét abordé, dé, & moy apres luy à ces heureuses riues. Il n'est pas que vous n'ayez entendu parler à la Cour du Comte d'Eraclée, l'vn des galands & vailans hommes de son temps, l'honneur de sa patrie, qui fut la Guyenne, & la gloire de sa race. quand ie dis qui fut, vous pouuez entendre qu'il n'est plus qu'vn petit de poudre, l'impitoyable mort reduisant aussi facilement, & mesme plustost en cendre les plus genereux que les pusillanimes. Ce n'est donc pas ce ieune Comte, qui peut estre de vostre âge, que vous auez peu veoir à la suitte de Monsieur

E 3

sieur le Daufin, mais son Pere, ce secõd Mars, le soustien de ses amis, & la terreur de ses aduersaires. Ce grand & riche Seigneur, pour se releuer d'vn nombre fascheux de debtes qui accabloient sa Maison, content de l'illustre sang de ses predecesseurs estroittemẽt alliez auec cette ancienne Maison de Foix, d'où nos Roys sont sortis, sans se soucier d'vne femme qui l'égalast en noblesse, en prit vne à Paris dans la famille d'vn opulent Financier, dont les moyens eussent peu comme ceux de cet ancien Romain soudoyer vne armée.

mée. Là dedans il treuua autant d'or que s'il euſt treuué dans l'vne de ſes terres vne miniere, dont ayant dégagé les hypoteques de ſes Seigneuries, & s'eſtant mis non ſeulement dans la libre poſſeſſion de ſon bien, mais dans vne opulence extraordinaire, il n'y auoit rien de ſplendide & magnifique comme ſon train, ny Seigneur qui paruſt en deſpenſe à la Cour à ſon égal ; car il auoit vne ſuitte & vn attirail de Prince. Ce Financier pour ſon ſupport, & pour illuſtrer ſa race, auoit acheté ce Gendre ce qu'il auoit voulu, & ce Gendre pressant cette esponge luy faisoit rédre autant qu'elle auoit autrefois succé de liqueur dorée dans les finances publiques. La fille de ce Richard qu'il rendit sa femme, n'estoit pas seulement belle au coffre, & desirable pour les richesses immenses que son Pere luy donna en affluence pour la colloquer en vne si haute alliáce, mais de plus elle estoit doüée d'vne si eminente beauté, qu'encore que Paris en ait en grand nóbre, il y en a peu de pareilles. De dire qu'elle estoit mignarde & delicate, il est superflu apres l'auoir nommée fille de Paris;

dire

dire qu'elle estoit superbe, altiere & pompeuse, il est aussi peu necessaire, puisque ces qualitez sont des accidens inseparables de la richesse, & de la forme specieuse,

Le fast suit la beauté d'une folle ieunesse,
Et la presomption naist dedans la richesse.

Cette ieune Comtesse, qui se nomme Aldegonde, se voyãt dans la glace de son miroir belle par admiration, & outre cela dans l'opulence iusques au dessus de la teste, & qui plus est, esleuée par son mariage à vn haut faiste de noblesse & d'honneur, se
mit

mit dans la vanité si auant, qu'oubliant son extraction naturelle, elle pensoit estre née du mesme estoc de son mary, ne parlant que de la Maison de Foix, & se disant de ce costé là, mais qui n'estoit pas le sien, parente du Roy. Cette sottise, & dans la teste d'vne fille de Paris n'estoit pas petite, si que dans la Cour, où le sang de son mary luy dõnoit vn notable rang, elle en estoit en parabole à celles qui ialouses de la beauté de son visage, ne s'en pouuoient vanger qu'en publiant les deffauts de son esprit, qui encore n'estoient point

point tels qu'elle peust estre reprise de ces simplicitez & niaiseries si ordinaires à celles qui sont nourries dans la cocquetterie, & la bourgeoisie, mais ils estoient tirez de la vanterie & de la presomption, vice familier des esprits les plus sublimes. Vn Pan estoit son vray symbole, car elle s'amusoit tant dedans les miroirs, & les diuers lustres de ses graces naturelles & artificielles, de ses paremens & pierreries, de sa suitte & de sa despense, & des qualitez de son mary, elle estoit si pointilleuse à garder son rang, qu'elle n'auisoit pas à la cras-

se de ses pieds, & à la base de terre qui souſtenoit ce Coloſſe preſomptueux bigarré de tant de metaux. Mais laiſſons-la ſe complaire en ſa roüe, puiſque la bonne opinion de ſoy, ſi naturelle à ceux de la nation de ſon mary, eſtoit priſe par ce Seigneur pour vn gentil courage, qui le rendoit d'autāt plus amoureux de ſon Eſpouſe, qu'il en eſtoit picqué pour les graces qui tenoiét leur ſiege ſur ſon front. Ce Comte auoit nourry page dés ſa plus tendre ieuneſſe vn Cadet de Gaſcogne de fort noble extraction, mais riche comme vn Cadet
de

de cette Prouince là, c'est à dire, n'ayant que les dents & les mains. il estoit aucunement son allié, quoy que de fort loin, estant sorty de page, il le retint aupres de soy en qualité de Gentilhomme appointé, l'honorant quelquefois quand il le vouloit obliger, du tiltre de parent. Ce Suiuant se rendit par ses fideles seruices, & par vne ardante affection si aymé de son maistre, qu'il pouuoit dire comme Ioseph en la maison de Putifar, que tout estoit en sa main, excepté sa maistresse. Le Comte n'auoit rien de secret qu'il ne luy communi muniquast, point d'affaire qui ne passast par ses mains, ne faisoit aucun voyage sans luy, n'auoit aucun dessein qui luy fust caché, c'estoit son cõfidét, son fauory, vn autre luy mesme. En la paix il estoit cõpagnõ de ses aises, en la guerre de ses fatigues, & de ses hazards, il n'y auoit point d'espée dont son maistre se fiast comme de la sienne, & en diuerses querelles il auoit esté son secõd, d'où il estoit tousiours sorty à son auantage. Le Comte en vne tira la vie de sa valeur, & en diuerses rencontres militaires il l'auoit dégagé de la presse & de la

la meslée, si qu'il ne feignoit point de se dire tout haut son obligé. Mais comme il arriue ordinairement qu'à ceux à qui l'on doit tout, on ne donne rien, parce que (cōme le vieil Tobie à Rafaël) on ne croit pas les pouuoir iamais recompenser à suffisance, le Comte croyant que tout son bien estoit autant à Oleastre (c'est le nom de celuy dont ie parle) qu'à luy, pensa aussi peu de luy en offrir vne partie, que l'autre de la demander, ou de la prendre; au contraire l'vn & l'autre eussent pensé faire tort à leur amitié de luy donner
vne

vne soudure si terrestre, rien que le sang & la bienueillance n'en pouuant estre le ciment & à la mort, & à la vie. Mais, ô inconstance des choses humaines!

C'est vne fleur que la felicité,
C'est vn beau iour qu'vn long hyuer nous donne,
C'est tout ainsi qu'vne pluye en esté,
C'est tout ainsi qu'vne fueille en automne.
De ces faueurs le fascheux souuenir
En les perdant le rendit miserable,
Il a beau dire, affin d'entretenir

Sa

*Sa noire humeur, que rien n'est
 perdurable.*
*Ces vains discours ne sont point
 de saison,*
*Mais au rebours leur recit im-
 portune,*
*Malaisément gouste-t'on la
 raison,*
*Alors qu'on void renuerser sa
 fortune.*

Fortune, dit cet Ancien, qui est de verre, est d'autant plus voysine de sa briseure qu'elle est plus luisante. Il ne manquoit rien à Oleastre en possedant le cœur de son maistre, qui pour luy auoit les mains percées ; mais si le Comte les auoit ouuertes à

don

donner, Oleastre ne les auoit pas moins disposées à la despense, plus semblable à la Cigale qu'à la fourmy, il ne pense qu'à sauter & chanter, sans songer aux rigueurs de la necessité d'vne arriere saison. Il void des enfans à son maistre, sur la succession duquel il se bastit vne prosperité qui luy semble immortelle. Le Comte ne fait bal, tournoy, ny despense qu'il n'y face entrer Oleastre, & qu'il ne l'ait à son costé, il est plus Comte que le Comte : car le Comte ne fait conte que de luy, & luy sans se mescon-noistre iamais honore son mai maistre auecque tant de respect, qu'il en fait tout ce qu'il veut. Ce Seigneur ne peut faire aucune partie qu'Oleastre n'en soit, ny prendre aucun plaisir si son amy n'y participe. Aldegóde qui ne void que par les yeux, & ne iuge que par la connoissance de son mary, ne peut faire qu'elle n'ayme ce qu'elle luy void si esperdument cherir, estant d'ailleurs honorée d'Oleastre auecque tant de reuerence & de soumission, qu'il eust fallu estre tout à faict sans humanité pour n'en auoir point de ressentiment. Il est vray qu'estant hautaine & glorieu rieuse, comme nous auons dit, elle sçait garder son rang auec vn tel empire, que n'ayant des yeux que pour le Comte, elle ne paroist auoir que des desdains pour tout le reste des mortels. Que si quelquefois elle traitte d'affaires auec Oleastre, c'est auec vn tel ascendant que ce Gentilhomme n'ose hausser ses regards vers son visage, ne parlant à elle que comme il eust fait à vne Reyne. Le Comte vescut cinq ans en la ioüissance de cette riche & superbe beauté, aymant & aymé, honorant & honoré, au milieu d'vne opulence nópareil

pareille; Aldegonde pleine de pudeur & d'vne auſtere vertu fut rendue mere de quatre enfans, deux maſles, & deux femelles, qui ſeruirent de gage à l'amitié de ces deux Eſpoux. Mais tout ainſi que les plus belles fleurs, comme la roſe & le lys, ſont les moins durables; de meſme les plus éclatantes proſperitez ſont ordinairement les plus courtes, ſpecialement quand elles ſont accompagnées de vertu, parce que la fortune ennemie iurée des vertueux, ou les comble de deſaſtres, ou rend leurs felicitez momentanées. Aldegonde ne poſſe-
da

da donc que cinq ans ce braue & genereux Seigneur, dõt la gloire & le sang mettoit sa teste dans les estoiles, c'est à dire, la rendoit des plus illustres dans le Ciel de la Cour; & le Comte ne ioüit que par l'espace d'vn lustre de tant de beautez, de richesses, & de vertus que le Ciel auoit liberalement versées sur son Espouse: car vn iour comme il reuenoit de la chasse auecque son Oleastre, vne grosse fiebure le saisit, qui le mit en dix iours aux portes de la mort, durant lesquels il ne parloit que des obligations immortelles qu'il auoit à ce cher amy

amy de son cœur, le recommandant à sa femme comme vn autre soy-mesme, & le priant d'estre secourable à sa Maison, & second Pere à ses enfans, si cette maladie le couchoit au cercueil. Oleastre le coniuroit de penser à se guerir, & d'esloigner de son esprit & de sa bouche ces imaginations, & ces discours funebres, promettant vne eternelle seruitude à sa Maison, en laquelle ayant faict son berceau, il eslisoit sa sepulture. Cependant le mal redouble, & frappe à la porte du tombeau ; & comme le Comte, ainsi qu'vn bó Chrestien,

stien, eust pensé à sa cóscience, & faict tous les debuoirs en la reception des Sacremés requis d'vn vray Catholique en cette extremité, lors qu'il estoit sur le point de disposer de ses biens par son testamét, où l'on ne peut douter des grands auantages qu'il eust faict à Oleastre, tant pour ses longs & fideles seruices, que pour son incomparable affection, la frenaisie causée par l'excessiue ardeur de la fiebure le saisit, & luy osta tout vsage de raison presque iusqu'au dernier souspir de sa vie. Ainsi mourut ce vailant homme, dont les vertus, le

cour a

courage & la bonne mine sembloiét dignes d'vn meilleur sort, & d'vn plus long cours d'années. Mais c'est à nous à plier sous les decrets de l'eternelle prouidence, & de faire comme ces esprits celestes que vit le Profete, qui replioient leurs aisles sur leurs yeux deuant le throsne de Dieu. Aldegonde par cette perte se vid plongée dans vne douleur autant inconsolable, que celle d'Oleastre estoit incomparable. Ie ne veux point icy laisser voler ma plume sur la representation des larmes de l'vne, & les souspirs de l'autre; certe af-
F fliction

fliction est trop grande pour estre declarée par de si foibles témoins que des eaux, & du vent. tout ce qui les console, les afflige; car leur mal n'est pas de ceux qui se guerissent de parole.

La mort a des rigueurs à nulle autre pareilles,
La cruelle qu'elle-est, elle n'a point d'oreilles,
Impiteuse tousiours elle fait trebuscher
Ce qu'on a de plus cher.

Encore Aldegonde a-t'elle dequoy se consoler en tant d'images viuantes de son Espoux qui sont deuát ses yeux, en tant de biens & d'honneurs

neurs qui l'enuironnent; au pis aller c'est vne ieune vefue desja regardée de plus d'yeux que n'en auoit Argus, quand elle tentera vn second naufrage, elle ne fera rien contre le conseil Apostolique, qui propose le mariage à cette sorte de personnes. Mais Oleastre a tout perdu, ses seruices, ses esperances, ses recompenses, toute son attente est morte & ensevelie dans le mesme tombeau de ce Pere, de ce maistre, de cet amy, de ce soustien, de cet appuy, de ce parent,

Sans qui en ce mortel séjour
Pressé d'vne angoisse inhumaine,

*Il luy semble que l'œil du iour
Ne l'éclaire qu'auecque peine.*

Certes en ce cruel & irreparable malheur, qui fouloit aux pieds tout ce qu'il auoit de constance, il auoit d'autant plus de déplaisir qu'il auoit de memoire, n'estant pas plus affligé de ce qu'il estoit, ou de ce qu'il n'estoit plus, que de ce qu'il auoit esté. Toutes ses attétes estans renuersées, toutes ses ioyes passées luy estoiét des tristesses, & presentes, & extremement pressantes, il se voyoit sans verdeur, sás vigueur, sans fueilles d'espoir, tout ainsi qu'vn tróc abbatu d'vn coup de de foudre, & toutes ses felicitez reduites au neant. Durant la vie de son maistre il n'y auoit commoditez, ny grandeurs, ausquelles sous son appuy il ne peust aspirer; maintenant il n'espere plus rien que de trainer vne fin de vie pire que mille morts,

Dessous ce faix il gemissoit
Accablé d'vne peine extreme,
Et suruiuant comme il faisoit
A son bonheur, voire à soy-
mesme,
Sa vie estoit vn chastiment
D'auoir vescu trop longue-
ment.

En fin il est homme, & apres auoir donné à l'humanité les

debuoirs de la foiblesse naturelle, il releue son courage en se deliberant de rendre à la Maison, aux enfans, & à la memoire de son maistre des témoignages de son inuiolable amitié, & de sa deuotieuse seruitude. Il entreprend de consoler Aldegonde, encore qu'il eust beaucoup plus de besoin de consolation que cette Dame, laquelle bien que son deüil fust extrememement lugubre, n'estoit pas pourtant en danger de mourir d'ennuy : car au rebours c'est elle qui le console en luy representant les recommandations dernieres de son mary,

ty, de luy à elle, & d'elle à luy, le priant de continuer au secours de la vefue, & des orfelins les mesmes assistances qu'il a rendues à sa Maison, & au maniement de son bien durant la vie du Pere, sa fidelité & son employ luy estant alors plus necessaire que iamais. Ces paroles dites d'vne façon molle, & d'vne contenance flatteuse par cette superbe femme, qui n'auoit accoustumé de luy parler qu'en des termes imperieux, & auec vne mine si majestueuse qu'il sembloit qu'elle fust vne Princesse, toucherent si doucement le cœur d'Oleastre,
F 4 qu'el

qu'elles charmerent son ennuy, & luy donnerent la hardiesse d'éleuer sa veüe sur cet obiect, qu'il n'auoit iamais osé regarder fixement tant que le Comte son maistre auoit vescu, estimant que ce seroit vne temerité de hausser ses regards où il n'estoit pas loisible d'atteindre seulemét de la pensée. ce n'estoit pas qu'il fust encore conscientieux iusques là d'obseruer si rigidemét le precepte de l'Euangile, qui deffend le mauuais regard de la femme d'autruy, mais c'estoit la fidelité & la reuerence qu'il portoit à son maistre, qui l'empeschoit d'en

d'enuisager sa maistresse, sçachant que le Comte estoit clairuoyát comme vn Lynx; & bien qu'il ne fust point ialoux, il estoit pourtant mary, & d'vne femme dont l'esmerueillable forme meritoit bié d'estre conseruée, si que s'il se fust apperceu d'vne seule œillade égarée, cela eust esté capable de ruiner son amitié, sa confiance, & sa fortune. Ioint qu'il eust pensé se rédre coulpable d'vn crime irremissible, violant auecque le droict d'hospitalité celuy de la plus perfaitte amitié qu'vn maistre puisse porter à vn domestique; c'est ce qui le rendoit
F 5 ainsi

ainsi sage & respectueux. Mais quand Aldegonde fut libre, & rendue à elle mesme par le tranchant de la mort qui l'auoit desiointe de sa moitié, alors se voyant attiré par de douces semonces, qui eussent enchanté des rochers, & traitté d'vne façon toute autre qu'auparauant, & comme d'vne femme belle, riche, ieune, qui auoit besoin de son assistance, ce fut là le collyre qui luy dessilla les yeux, & qui luy firent porter ses prunelles dans la roüe de cet Astre, dót l'éclat l'esbloüit aussi-tost qu'il l'eut consideré. Voyla le principe de ses heureux

reux malheurs, & la naissance ordinaire de l'amour, vne veüe trop libre & inconsiderée.

Cet esbloüissement le fit donc trebuscher,
Et bien que de ses yeux son rauage procede,
Il en cherit l'obiect, & s'en veut approcher,
En la cause du mal recherchant le remede.

Le cours des affaires de cette Maison ayant donné à la mere la garde noble des enfans, fit que selon l'intention du deffunct la tutelle en fut dōnée à Oleastre, comme au plus fidele amy & seruiteur qu'il

qu'il eust au môde. La Comtesse l'en prie, & pour l'y obliger luy represente les dernieres paroles du Comte, l'appellant le second Pere de ses enfans, sçachant qu'il auoit esté la seconde ame de son Espoux, & que souuent mesme elle auoit esté contre luy atteinte de ialousie, estimant qu'il eust plus de creance qu'elle en l'esprit de son mary. Puis quád elle adioustoit que le voyant elle pensoit veoir le Comte, veu que leurs deux ames n'estoient qu'vne, & qu'vne longue conuersation luy auoit graué tant de gestes, de contenances, de
pen

Liure I. 133

pensées, & de paroles semblables à son mary, ioint qu'il estoit son allié (quoy que de loin) & non tant seruiteur comme parent de la Maison, & obligé par la loy de la nature, & du sang à procurer le bien de ses enfans. Imaginez-vous si ces obligeantes paroles dites d'vne maniere carressante, estoient de l'huile sur le nouueau feu de nostre Tuteur, & si cela releue ses esperances qui seruent d'aisles à son affection, où ne se promet-il d'arriuer par ses fideles seruices ? flatté d'vne ambition extraordinaire il croit n'estre point descheu de
sa

sa fortune, au contraire faire vn tel profit de son dommage, qu'il estoit perdu s'il n'eust tout perdu, le desbris de son naufrage luy estát plus auantageux que tout ce qu'il eust peu esperer du Comte. Il se figure de l'heur en sa disgrace, & il n'est rien que ne luy persuade la temerité de son desir. Il entreprend donc les affaires de cette Maison auec tant de diligence & de soin, qu'il n'est sorte d'obligation dont Aldegonde ne se publie sa redeuable. Cependant cette fiere femme reuient à son premier naturel altier & arrogant, apres que la perte de son

son mary l'eust vn peu humiliée; car ayant gousté de l'empire absolu que l'estat de vesue luy donnoit en vne grande & illustre Maison, elle se resoluoit de demeurer ainsi le reste de sa vie dás la ioüissance d'vne opulente fortune, sinon que quelque plus grand Seigneur que le Comte (car quelle eleuation ne luy suggeroit sa vanité?) se presentast pour l'espouser. Elle se remet donc dans la delicatesse, & les affeteries si naturelles aux Dames de Paris; & comme le feu est d'autant plus aspre qu'il est plus coüuert de cendre, & l'esclair

& la

& la foudre d'autant plus brillant & plus aspre qu'espais est le nuage qui le produit : de mesme ces vestemens de deüil, ces longs crespes, ces couleurs sombres seruent à releuer son teint, à rehausser sa grace, & à rendre plus vif l'éclat de ses regards. Et ceux qui l'auoient autrefois veüe plus chargée que couuerte de pierreries, & dás la pompe des ornemens que luy permettoit l'estat du mariage, confessoient que sa naifueté estoit estouffée parmy tant d'art, & qu'elle n'auoit iamais paru si admirable que depuis que la viduité l'auoit l'auoit reduite à des habits simples en apparéce, & neátmoins qui la metroient en son plus haut appareil. Quelle deuoit-elle paroistre aux yeux de celuy qui estoit vn soucy pour cet Astre, & qui ne se faschoit que de n'auoir pas assez de veüe pour la considerer?

Si pour la contempler c'est trop peu que deux yeux,
Il en desire autant que d'estoiles aux Cieux.

Cette continuelle attention vers cet obiect si ordinairement visible, & qui luy estoit si nuisible, forma en sa poitrine vn embrasemét auquel celuy

celuy d'Æna n'est point cō-parable. il en deuient sec & pasle, rongé de ce feu caché qui luy succe les moëlles, luy deuore le sang, & luy ronge les os. Car de se descouurir à qui que ce fust, il n'en auoit ni la volonté, ni le courage, choisissant de perir plustost en vn silence obstiné, que de soulager d'vne parole vn mal qui luy sembloit incurable. Si Aldegonde a des attraits pour se faire aymer, elle n'a pas moins de seuerité pour se faire craindre. Elle a l'humeur si arrogante & si altiere, qu'il ne luy faudroit pas moins d'vn Prince pour contenter
son

son ambition. Que si quelques idées de mariage flattent son imaginatió, elle fait bouclier de la gloire de sa premiere alliance, eslisant plustost de viure en vn solitaire, mais imperieux vefuage, que d'en rabbatre vn seul point. De cela elle s'en fait entendre tout haut, & le dit ainsi deuant Oleastre, à qui ces discours sont autant de tonnerres, & de gresles pour ses esperances. Quand la necessité des affaires l'oblige de conferer auecque ce Gentilhóme, elle vse bien de quelque condescendance de paroles, mais elle tiét tousiours
son

son rang auecque tant de grauité, que si elle le brusle d'vn costé, elle le glace de l'autre ; ce qui met nostre Amant transi en de merueilleuses anxietez. Il persiste neantmoins en l'opiniastreté d'vne bienueillance qu'il ne peut arracher de son cœur,

Voyez le point où l'erreur le reduit,
Bien que la mort pour loyer le menace,
Il void le bien, & le mal qui luy nuit,
Il fuit son bien, & son mal il pourchasse.

Toute la difference qu'Aldegonde fait de luy & d'vn negotia

gotiateur, c'eſt qu'elle le traitte plus honorablement, luy donnant toute liberté au maniement de ſon bien, le priant d'en vſer comme du ſien, ne le contrariant en aucun article, ſuiuant ſes conſeils comme des oracles, luy fourniſſant d'vn bel entretié, & n'obmettant aucun bon traittement pour l'obliger à la continuation d'vn trauail où elle voyoit qu'il ſe portoit en homme d'hóneur, & plein d'vne extreme fidelité. Et c'eſt ce qui le tue, car vn mot de faueur, vne petite careſſe luy eſt plus precieuſe que tous les threſors qu'il a en main.

main. ô Tantale, ô Midas, voyci vós fables deuenues histoires. Il se meurt d'vne passion secrette au milieu de l'opulence, & de toutes les commoditez qu'il pouuoit desirer, car quelle despense, s'il eust voulu, ne pouuoit-il faire? quoy qu'il eust demandé pour l'establissemét de sa fortune, que luy eust-on refusé? Bien qu'il essaye de desguiser son mal autant qu'il peut, voylant sa vraye douleur d'vne liesse contrefaite, si ne peut-il empescher que sa couleur blesme ne le trahisse, & ne l'accuse aux moins auisez d'auoir quelque pointe
en

en l'esprit qui le trauerse. Aldegonde seule ne s'en auise point, & biē qu'elle luy voye changer de visage, flettrir les fleurs de son teint, & disparoistre la viue ioye qui estoit autrefois peinte sur son front, elle croit que c'est le continuel regret de la mort du Comte qui le ronge, car elle se fust pluſtoſt imaginée tout autre cause que la veritable. Elle met le remede aupres du mal, & luy protestant que son mary n'estoit point mort pour luy, qu'elle estoit heritiere de ses affections, & pleine d'autant de desirs de luy faire du bien cōme le Comte,

que

que quand l'ingratitude la porteroit iusques là de luy faire oublier ses seruices passez, la necessité qu'elle auoit des presens qui luy estoient si notoires, la porteroit tousjours à le rechercher iusqu'au bout du monde. pensant dire tout, elle ne dit rien ; car ce n'est pas son bien, mais elle qu'il regarde. A la fin le pauure Oleastre rongé d'vne lime sourde, fut contraint de s'abbatre sous l'effort d'vne maladie melancolique, laquelle peu à peu le menoit au monument. De vous dire la peine & les regrets d'Aldegonde, qui en la perte de cet hom homme si vtile, si affectionné, si fidele, si necessaire, se voyoit comme arracher les yeux & couper les bras, il seroit malaisé : car elle voyoit fondre sur soy la conduitte d'vne grande famille, pleine de beaucoup d'affaires difficiles à demesler à vne femme, & de trouuer vn homme de cette qualité, ancien seruiteur & allié de la Maison de ses enfans, il estoit impossible ; en ces agonies elle luy rend des debuoirs incroyables, ne bouge d'aupres de luy, est colée à son chevet, le sert de ses propres mains, & n'obmet aucun seruice qu'elle estime luy donner du soulagement. Et parce que les Medecins (peu rusez aux maux du cœur) ne peuuent connoistre autre cause qu'vn excez de tristesse, que ne luy dit-elle pour le resioüir? que de propos flatteurs capables de le retirer du cercueil, que de protestations d'amitié, de faueur & de bienueillance. ce qui le charme, iusques à l'appeller son second mary, ce qui le rauit, & luy rend peu à peu la vigueur & la force. Ni pour tout cela ose-t'il se manifester. Quelquefois il luy eschape des mots couuerts, comme des estincelles qui

sor

sortoient de ce grand brasier qu'il nourrissoit en sa poitrine : mais c'est auecque tant de discretion, & de retenue qu'il n'y a que luy qui en ait l'intelligence. Vn iour qu'elle l'enqueroit de son portement; Il est tel Madame, respondit-il, que ie crains la santé, d'autant que le bien de vostre secours m'est si precieux qu'il surpasse infinimét la douleur qui m'accable, & ie crains tant de perdre ce bon-heur & cette gloire, que pour vous donner sujet de meriter sans cesse vne grande couronne dedans le Ciel, i'aurois à souhaitter que ma maladie

ladie fust incurable. Aldegonde souriant luy disoit qu'il eust seulement le soin de se r'auoir, puisque vouloir guarir, estoit vn principe de santé, & qu'il auroit plus de contentement de la voir estant sain que malade, & que pour elle, elle l'ay ordin mieux voir auec cette viue couleur qui paroissoit autrefois sur son visage, & qui le rendoit si gracieux, que parmy les couleurs pasles d'vne miserable melancolie. Quelle esperance nostre malade ne deuoit-il recueillir de ces propos? ce luy fut vne manne plus douce, & plus salutaire

re que celle qui tombe sur les fleurs de la Calabre. Voyez, neantmoins, comme Aldegonde se trompe; car cette passion d'aymer si cõtagieuse, & si necessaire aux personnes aymées, laquelle durant la santé d'Oleastre n'auoit peu se glisser en son cœur, y entra durant cette maladie par la porte specieuse de la compassion & de la pitié. Car se souuenant des ardantes affections que luy auoit autrefois témoignées son mary, l'estat qu'il faisoit de sa valeur, de sa noblesse, & de son merite, & comme ayant l'ame sur les leures, & la mort
G 3 entre

entre les dents, il le luy auoit tendrémét recómandé comme vn autre soy-mesme, & de plus croyant que la perte de ce cher maistre le reduisoit aux termes où il estoit, elle se laissa gaigner à vne certaine sorte de douceur, qui se tourna en complaisance, cette complaisance en desir, & ce desir en vne amour veritable. Cette nouuelle passion s'estát emparée d'vne poitrine qui s'en estoit iusqu' alors rendue si peu susceptible, luy conseille de le vedir souuent, ce qui lùy fait humer par les yeux cette poison dangereuse, qui est si facile

cile à prendre, si difficile à digerer, & qui se blasme plus aisément qu'elle ne s'euite. Aussi-tost elle le treuue perfaittemét aggreable, de bonne compagnie, d'vne conuersation pleine d'attraits, & recommandé de tant de parties signalées, qu'il semble auoir esté ainsi formé de la Nature pour ruiner la resolution qu'elle auoit faite de viure en solitude, s'estonnant de l'auoir veu si souuent sans le regarder, & regardé sans luy bienuouloir, y ayant de l'apparence ; que si elle peut aymer quelque chose, ce sera celuy qui outre ses graces naturelles & acquises, l'y a obligée par tant de seruices & de fidelité. Sur ces pensées elle l'amuse si suauement durant sa maladie, que ce languissant se figura aussi-tost qu'elle ne differoit le remede de sa langueur que quand la santé l'en auroit rendu capable, si que trompant ainsi son esperance auecque son mal, peu à peu il recouura sa vigueur. Mais Aldegonde apres auoir meuremét consideré sur quel pendát de precipice elle estoit arriuée, que si elle se laissoit aller à cette affection, qui ne se pouuoit terminer que dans vn legitime mariage, de maistresse

stresse elle deuiendroit seruante, & femme d'vn seruiteur, qu'elle s'immoleroit à la risée de toute la Cour, qu'on croyroit qu'elle eust cooperé à la mort de son mary par vne secrette intelligēce auec Oleastre, qu'on diroit qu'elle auroit espousé le Tuteur pour ruiner les pupils; à la fin cette femme changeante cōme femme, & qui auoit plus d'ambitiō que d'amour, se remit sur son ancienne grauité aussi-tost qu'Oleastre eut repris ses forces, si qu'il se treuua comme ces nauires qui sont rechassées en haute mer par vn vent de terre lors
G 5 qu'el

qu'elles sont sur le point d'entrer dedans le port. Elle ne fait en ses discours (expressément iettez pour desabuser ce Gentilhomme) conte que de son Comte, dit qu'vne amour qui peut finir ne fut iamais veritable, que ce feu se conserue dans les cendres du cercueil, que nulle autre idée ne se grauera iamais sur son cœur, que celles qui se remarient, declarent la guerre à leurs premiers enfans, & se sacrifient à la mesdisance. De quelle oreille nostre conualescent receut ces propos, ie le laisse à iuger à ceux qui à la veille de veoir esclorre leurs

leurs esperances, s'en voyent forclos, & leur attente comme celle des Chimistes reduitte en fumée. Ha! disoit-il en soy-mesme, est-il possible apres tant de douces apparences d'vne pluye volontaire, que ie ressente vne telle secheresse? sont-ce là des paroles de pitié? est-ce la recompense que ie me promettois?

O vous à qui le Ciel, & mon
consentement
Pour me combler d'ennuy ont
donné puissamment
Dessus mes volontez vn em-
pire supreme,
Que ce coup m'est sensible, &
que tout à loisir

Ie vay bien espreuuer qu'vn déplaisir extreme,
Est tousiours à la fin d'vn extreme plaisir.
Mais quel aueuglement me faisoit esperer,
Ou par quelle raison pouuois-je desirer
Que cette ame d'acier me deuinst fauorable,
Puisqu'ayant faict dessein de ruiner ma foy,
Ie connoissois assez son esprit incapable
De conceuoir iamais de la pitié pour moy?
Ne m'eust-il pas mieux valu laisser mourir lors que i'estois si proche de rendre l'ame,
sans

sans me rappeler du cercueil pour me faire souffrir la n ort auecque plus de violence, ou pour prolonger mon tourment auecque ma vie? Ha! ce n'estoit pas sans raison que i'auois peur de guarir, puis qu'en recouurant ma santé ie deuois perdre ses bonnes graces. O femme ingrate & changeante, & moy peu auisé de croire qu'il y en ait d'autre trempe sur la terre! Et bien fiere grandeur, i'euiteray ta rigueur par le trespas, si encore ta seuerité ne s'estend apres la vie, ie te priueray de ma veüe, mais non des furies vangeresses de ma perte té que i'attacheray à ton col, & qui n'en partiront iamais. Oleastre auecque de semblables paroles, & auec ces extrauagantes imaginations alloit digerant son amertume, ne sçachant à quoy se resoudre, ou à descouurir le sujet de sa melancolie, ou à mourir d'vne douleur muette aupres de son remede, sans souspirer vne seule plainte, & sans faire sçauoir sa douleur à celle qui la cause. Certes il luy seroit bien mieux de ne veoir iamais ce qui l'offense en luy plaisant, que le veoir sans s'y oser complaire, n'estát point de si cruel supplice que la

pre

presence d'vn bien deffendu. il se surmonte neantmoins soy-mesme, & plus victorieux que le Laurier il sçait ensemble & brusler, & se taire. Il demeura quatre ans entiers en cet esclauage, immolant son sang, son trauail, sa vie, & ses souspirs à vn obiect ignorant ses souffrances, amoureux de son amour, se plaisant en ses déplaisirs, tousiours courant sans auoir aucun but, tousiours trauaillant sans espoir de reconnoissance. n'est-ce pas là vn martyre prodigieux, & qui verifie clairement ce mot d'vn Antien, que l'esprit desordon

ordonné est bourreau de soy-mesme ? Aldegonde de son costé, quelqu'effort qu'elle fist pour reboucher par vne ambitieuse resolution tous les traicts que la bône grace, & les feru̯ices d'Oleastre tiroyêt sans cesse deuers son cœur, ne pouuoit euiter les charmes de sa conuersation, si que n'estant pas de marbre, elle en estoit secrettement touchée, mais plustost que de raualer sa grandeur, & de perdre vn point de son auctorité, elle se contraignoit par vne extreme dissimulation. Mais en fin ses souspirs durât la nuict, & ses larmes durant le iour,
lors

lors qu'elle pensoit estre bien seule, la trahirent à vne ieune Damoiselle sa confidente, & sa nourriture, qui auoit nom Felice, laquelle desirant luy tirer les espines, tira de sa bouche le pot aux roses, & descouurit en fin que la cause de ces sanglots estoit l'amour, & le sujet de cette affection Oleastre. Alors Felice luy representa que son remede estoit en sa main, qu'Oleastre ne refuseroit iamais vne si bône fortune de quelle façon qu'elle se presentast à luy, qu'vn mariage non clandestin, mais connu de peu de personnes bien asseu-
rées,

rées, luy pourroit conseruer son rang, & la tirer de peine. Aldegonde qui sent flatter son mal, embrasse Felice, cōme celle dont le conseil luy auoit donné la vie. Or cette Felice estoit-elle amante, & aymée d'vn ieune Gentilhōme qui auoit esté nourri page de la Comtesse, & qui estoit sorti de page depuis la mort du Comte, & demeuré dedans la Maison, où il seruoit d'Escuyer pour conduire cette Dame. leurs affectiós nasquirent presque dés le berceau, sans dissimulation, sans contradiction,& sans ialousie. Bien que Felice en

don

donnast quelque sujet à ce Gentilhomme, luy faisant croire qu'Oleastre luy vouloit du bien, & qu'il estoit ainsi solitaire & resueur pour sa consideration. Mais comme elle estoit entieremét occupée de l'idée de cet Escuyer, il n'y auoit plus de place en son affection pour aucun autre; la fin neantmoins fera veoir combien elle se trompoit, puis qu'Oleastre ne luy témoignoit de la bienueillance que pour s'insinuer par elle (prudent qu'il estoit) en l'ame de sa maistresse, voyant qu'elle auoit du credit aupres d'elle. Cette fille le qui celoit auſſi peu à la Comteſſe ce qu'elle ſçauoit, que celle-cy à elle, luy ayant faict entendre qu'elle porteroit ce courage à ce qui luy plairoit, en penſant eſtre la Regente, receut commandement d'Aldegonde de l'amuſer, & de ſonder plus à plein ſon ſecret. mais Oleaſtre qui euſt bruſlé ſa chemiſe, ſi elle euſt ſceu ſes penſées, n'eſtoit pas homme à les deſcouurir à vne fille, ayant vne trop iuſte deffiance de la fermeté de ce ſexe. D'autre coſté Aldegonde penſant conſoler Oleaſtre, & le retirer de ſes reſueries, luy diſoit quelquefois

fois qu'il se resioüist, qu'il ne deselperast pas de sa fortune, qu'il estoit en luy, s'il parloit, d'espouser sa maistresse quád il voudroit. L'ambiguité de ce mot estoit bien capable de mettre en peine vn habile homme; car luy qui n'auoit aucune inclination pour Felice, & qui n'auoit autre maistresse au móde que la Comtesse, dont il gouuernoit la Maison, ne sçauoit que respondre, sinon que ses ambitions estoient bornées dans la reuerence & la modestie, se contentant sans plus de la gloire de la seruir. Mais vn iour pour sonder son courage, ge, luy ayant declaré qu'elle auoit descouuert les passions qu'il souffroit pour Felice, de laquelle luy proposant le mariage auecque les plus grands auantages qu'en sa condition il eust peu souhaitter pour l'establissement d'vne bonne fortune, elle fut bien estonnée quand Oleastre luy respondit qu'il n'auoit iamais eu de pensées pour Felice, & que cette felicité n'estoit point le but de ses pretensions, qu'elle auoit assez d'autres moyens de se deffaire de luy, si ses seruices luy estoiét deuenus suspects & desaggreables, qu'il estoit prest à luy

luy faire veoir qu'il ne s'estoit enrichy dans sa Maison d'autre chose que de l'honneur de son obeyssance. Aldegonde qui croyoit le sonder par cette enqueste, se cótenta de cette franche declaration, luy protestant qu'elle n'auoit pensé à cette alliance que pour l'attacher d'auantage aupres d'elle, sçachant le besoin qu'elle auoit de son secours, sa fidelité d'ailleurs ne luy estant que trop connue, & qu'en cela elle auoit pensé chose qui luy fust aggreable, & sçachant le contraire qu'elle ne luy en parleroit plus. Felice ayant sceu par

par Aldegonde qu'elle s'abusoit en son imagination, n'en fut pas autrement mescontente, parce qu'elle estoit, comme nous auons dit, preoccupée d'vne autre affectió. Tandis qu'Aldegonde combat entre l'amour & l'ambition, qui veulent auoir son cœur sans partage, & qu'elle proteste à sa fidele Felice que rien ne la retient de prendre Oleastre pour Espoux, que la crainte des bruits & de la honte du monde, tant est vray ce que dit ce Poëte,

Que l'amour & la majesté
Sont en continuelle guerre,
L'vn se rāpant contre la terre,
L'autre

L'autre aymant la hautaineté.
voicy vn brisant où la patience d'Oleastre faisant vn heureux naufrage, le porta dans le sainct desespoir qui l'a faict Religieux. Vn Marquis de Maison encore plus illustre que celle du Comte d'Eraclée, puisque le Chef de sa famille est Duc & Pair, ayant ietté les yeux sur la face de nostre vefue, & plus encore sur l'abondance de ses richesses, la fit demander en mariage, & y employa mesme l'auctorité du Roy, qui témoigna desirer cette alliáce Si Aldegonde est ambitieuse, voyci qui est capable
H d'assou

d'assouuir sa presomption, car ce Marquis est vn Tiercelet de Prince. ses parens la pressent, la prient, la poussent tant qu'ils peuuent, d'entendre à ce mariage, ce Marquis en fait le passionné. sa ieunesse, son bien, sa bonne mine, son sang, tout l'y conuie, mais les femmes sont tousiours elles-mesmes, plus on les presse moins on les persuade, plus elle est preste de quitter Oleastre, plus elle le desire, & le moyen de contenter sa vanité s'offrant, elle se retourne vers l'obiect de sa dilection. Iamais Oleastre ne luy parut plus aggreable,

ble, ni plus desirable que quand elle le perdit, sa noblesse luy semble suffisante, elle a des biens assez pour luy & pour elle, la gloire & les biés ne luy paroissent rien auprés du mescontentement, elle craint l'empire du Marquis homme hautain, & qui n'est pas pour s'assuiettir à vne femme, au lieu qu'auec Oleastre elle se promet d'estre tousiours la maistresse; la voyla fort incertaine. Par forme elle confere de cette affaire de si grande importance auec Oleastre, resoluë apres auoir rompu auecque le Marquis, de luy descouurir
H 2 son

son cœur, & de luy donner en se dónant à luy vne haute recompense de tous ses seruices. A ce conseil qu'elle luy demanda que deuint Oleastre? elle luy depeint les gráds auantages de cette alliance, le consentement vniuersel de ses parens & amis, la volonté du Roy, vn grand appuy & auancement pour ses enfans, le sang & les qualitez de ce grand Seigneur, somme elle en parloit comme picquée, & comme resoluë d'entendre à ce parti, bien que ce ne fust que pour luy faire connoistre par apres ce qu'elle auoit quitté pour le prendre,
affin

affin qu'il en augmentaſt les obligations qu'il luy auroit. Oleaſtre l'eſcouta auec vn front ſi different de ſes penſées, que faiſant ſemblant de ſe reſioüir de ces nopces qu'il n'eſtoit pas reſolu de veoir, il ſembloit à ſon cœur qu'on le trainaſt au ſupplice. Madame, luy dit-il, ces auantages ſont tels, voſtre inclination ſi forte, les qualitez de ce Seigneur ſi rares, ſon ſang ſi noble, ſon rang ſi haut, la volonté des voſtres ſi puiſſante, le deſir du Roy vne loy ſi iuſte, qu'il ſemble que le Ciel & la terre conſpirent à cette alliance pour le bien de vostre personne, de vos enfans, & de vostre Maison. I'aurois trop peu d'affection à vostre seruice si ie le vous dissuadois, à vous Madame qui estes prudente, vertueuse, & aussi sage que belle, & qui en vos volontez n'auez besoin que de vostre propre conseil. Que dites-vous Oleastre? est-ce donc là cette franchise qui a tousiours accompagné toutes vos actions? quand attendez-vous de vous declarer? sera-ce quand cette alliance aura rendu vostre esperance morte, & vostre mal incurable? Certes cette dissimulation vous coustera cher, & vous

vous fera perdre une moisson d'or sur le point de la recolte. Mais que dis-je ? ô l'heureuse inaduertance, puisque rompant les liens qui le tenoient attaché au Siecle, elle a forgé ceux qui l'attachent au Crucifié ! Comme Aldegonde estoit preste de repartir à cette responce, & de luy faire veoir qu'il se coupoit la gorge de son propre glaiue, & que ces nopces estoient reseruées pour luy, & non pour le Marquis, il arriua quelqu'vn qui interrompit ce propos qu'elle croyoit ramener vne autre fois en ieu, quand elle y auroit pensé.

mais que de merueilleuses auantures tombent entre le verre & les leures. Oleastre se retire tout desesperé, & apres auoir parmy les confusions & les perplexitez qui le saisirent faict trois ou quatre tours de chambre, tantost s'asseant, tantost se leuant, tantost se iettant sur vn lict, tantost se releuant, en fin il prit la resolution que le desespoir apporte aux plus irresolus, qui fut de s'en aller si loin que iamais l'ingrate Aldegonde n'entendist parler de luy, ni luy d'elle, choisissant à ce dessein vne terre estrangere, de laquelle comme me vn autre Ioseph en Egypte il ignorast la langue, pour y passer le reste de ses iours autant inconnu qu'il y auroit peu de connoissance. Ce soudain conseil fut suiuy d'vne prompte execution : car s'estant enfermé dans son cabinet, resolu de peindre sur le papier les causes de son depart, & de manifester au moins par ce dernier moyen ses flammes à celle qui les auoit excitées, tantost il escriuoit, tantost il effaçoit, ne sçachant à quel conseil s'arrester, ou de faire comme le flambeau qui iette son plus grand éclat quand il meurt,

H 5 ou

ou de finir dans le mesme silence auquel il auoit si respectueusement vescu,

De contraires efforts son esprit agité
Douteux s'encourt de l'vne à l'autre extremité,
La rage de la haine, & l'amour le transporte,
Mais à la fin l'amour se treuue la plus forte.

Amour qui se tira vne plume de l'aisle, pour luy faire escrire auecque les plus passionnées, les plus douces, & les plus pitoyables paroles qui se peuuent imaginer, tout le cours de sa vie & de sa fortune, la naissance, le progrés, & la la fin de son amour par le desespoir, de la façon que vous l'auez peu entendre par la suitte de mon discours, mais en termes bien plus choisis & plus pathetiques: car il parloit en amant desesperé, aussi malheureux que temeraire, sans perdre neantmoins vn seul point du respect qu'il auoit porté à cette mortelle Deesse qu'il auoit si secrettement idolatrée. De quelles loüanges ne doroit-il ses graces & ses vertus? quelles grandeurs & quelles felicitez ne luy souhaittoit-il en son nouueau mesnage? quels blasmes ne donnoit-il à sa présomption, digne du sort d'Icare, ou de cet autre adolescent fabuleux, qui voulant conduire le Soleil, esteignit dans le Pò le feu qui l'auoit embrasé dans le Ciel? Il rendoit conte en general du maniement qu'il auoit eu des affaires de la Maison, lesquelles il laissoit en bon ordre, protestant d'en sortir aussi pauure qu'il y estoit entré. Et il finissoit par vn eternel adieu, capable de fendre des cœurs plus durs que le diamant. Cette grande & longue narration estant cachetée en forme de lettre, & remise à vn de ses gens pour la mettre

mettre le lendemain és propres mains d'Aldegonde, il partit trois heures deuant le iour, & prit par la poste la route d'Italie, où nous le laisserons aller pour sçauoir ce qui se passe à Paris apres son partement. Aldegonde ouurant les yeux au iour auquel elle pensoit en se declarant à Oleastre, mettre fin à ses inquietudes en congediant le Marquis, & le prenant pour mary, comme elle acheuoit de s'habiller, vit entrer cet homme dans sa chambre qui auoit charge de luy presenter la lettre qu'Oleastre luy auoit consignée, laquelle ache acheuant de lire elle acheua presque de viure. Car outrée d'vn violent regret d'auoir desesperé ce Gentilhomme, & touchée au vif du ressentiment de sa perte, à peine peut-elle dissimuler cet assaut sans s'en prendre à ses yeux, & à ses cheueux causes innocentes d'vn effect si funeste. tout ce qu'elle peut faire en ce saisissement, ce fut de faire sortir toutes ses femmes & ce messager de sa chábre, ne se retenant que sa chere Felice, de laquelle nous tenons tous ces secrets, à laquelle ayant communiqué cette lettre, & le dessein qu'el

qu'elle auoit ce iour là mesme de se descouurir à Oleastre, ie ne sçay ce qu'elle ne fit, ce qu'elle ne dit point. Certes elle dit, & fit des choses qui témoignoient assez qu'en beaucoup de passion il y a bien peu de raison. Tout ce que pouuoit faire sa confidente, c'estoit d'adoucir l'amertume de son esprit par l'esperance de reuoir bientost Oleastre, vne amour si ardante que celle qu'il auoit depeinte en la lettre, ne pouuant souffrir vne longue absence. Sans doute, Madame, luy disoit-elle, il s'est retiré en quelque lieu pour veoir
sans

sans estre veu, que deuiendront ces nopces auecque le Marquis, dont il tient le mariage auecque vous pour le cercueil de son attente; mais aussi-tost qu'il sçaura que vous aurez reietté son alliance, vous l'aurez de retour, & lors

Vos espines seront des fleurs,
Au printemps naissant de sa veüe.

Plus douce est une ioye ardamment attenduë,
L'aise plaist doublement qui succede aux douleurs.

Aldegonde qui croit à ce discours que Felice ait quelque secrette intelligence auec
Olea

Oleastre, n'a rien de plus hasté que de faire perdre terre au Marquis en luy ostát toute esperance de la posseder, ce qu'elle luy fait entendre dés le iour mesme sans en communiquer à aucun de ses parens, ny de ceux qui s'estoient entremis de cette recherche. Ce Seigneur haut à la main, & picqué de ce refus, guarit soudain par vn grand despit le peu d'amour qu'il auoit pour cette vefue, la payant de paroles insolentes & outrageuses, qui luy firent connoistre l'humeur du personnage, & en loüant Dieu de l'auoir preseruée de

tom

tomber en ses mains, de l'auersion de l'vn elle se retourna d'autant plus ardamment vers l'autre. O femme merueilleuse en tes caprices, tu suis vne ombre qui te fuit, tu fuis vn homme qui te suit, & tu n'auras ny le corps de l'vn, ny l'idée de l'autre. Il y eut bien du bruit à la Cour de la rupture de ce traitté qu'on tenoit pour faict, sur lequel tádis qu'on forme diuers iugemens tous au desauantage d'Aldegóde, la retraitte d'Oleastre ne donna pas peu à penser, ny moins à parler; le deüil & la tristesse dans laquelle s'enfonça la Comtesse, furent

furent encores des sujets de murmure : car on coniecturoit la cause auec ambiguité, qui disoit que c'estoit le desdain du Marquis, qui la fuitte du gouuerneur de sa Maison. conter les flots de la mer, & raconter les mesdisances du monde, c'est la mesme chose. Mais en fin ces torrens s'escoulent, & Aldegonde s'estát retirée en vne de ses maisons aux champs, pour auoir plus de loisir en la solitude de plaindre la priuation de son Oleastre seule Idole de sa pensée, donna le temps pour dissiper tous ces bruits.

OLEA

OLEASTRE.
LIVRE II.

CEPENDANT ce ieune Escuyer, dont nous auons parlé, Gentil-homme de Picardie entra par le commandement de la Comtesse en la charge que faisoit Oleastre, & prit le gouuernement des affaires de sa Maison. ce qui luy reüssit par l'espace de deux ans auec vn bon-heur semblable à sa fidelité & sincerité. Cette Dame

Dame à la verité se pouuoit dire heureuse en seruiteurs, mais malheureuse à les reconnoistre : car il semble qu'aupres d'elle vn mauuais traittement estoit le salaire d'vn long trauail. Ces deux années s'escoulent de cette façon sans aucunes nouuelles d'Oleastre, Aldegonde perseuere en sa tristesse, ou plustost en l'affliction que luy causoit son affectió les souspirs & les larmes estoient son entretien ordinaire. Que si elle eust peu sçauoir en quelle part du monde estoit allé Oleastre, elle l'eust suiuy & cherché iusqu' aux extremitez

tez de la terre. Mais l'ignorance de son sejour, la honte du monde, & le soin de ses enfans, la retiennent par les chaisnes inuisibles d'vne dure necessité: La seule Felice depositrice de ses pensées, & participante de ses secrets en est la consolatrice. elle n'ayme que cette fille, elle en est possedée comme le Comte l'auoit esté d'Oleastre : & comme elle aymoit dés son enfance cet Escuyer, elle le mettoit aussi és bonnes graces d'Aldegonde, qui auoit vne grande confiance en sa prud'hómie. Il arriua à l'improuueu vn orage, qui vint trauer trauerser la bonne fortune de ces amans, ce fut que le Pere de Felice desirant se preualoir de l'affection de la Comtesse son alliée pour bien prouuoir sa fille, luy proposa pour parti vn Gentilhomme de Brie de ses voysins, lequel estant deuenu passionné de Felice, l'auoit faict demander à son Pere, & parce qu'il auoit de beaux moyens, ce Pere qui ne visoit qu'à cela, crut qu'il auoit treuué en luy vn gendre à sa bienseance. il fait gouster cette proposition à la Comtesse, laquelle faschée d'vne part de se veoir priuer de cette fille qu'elle aymoit,

aymoit, & qui estoit toute sa consolation, se laissa neantmoins aller aux persuasions du Pere, qui luy representoit qu'en cette occasion consistoit la fortune de sa fille. Aldegonde qui la tient pour sa creature, luy promet vn beau mariage, si que le Pere a son conte de tous les costez, promettant à Aldegonde que sa fille seroit tousiours aupres d'elle quand elle voudroit, & qu'en cela elle feroit vne œuure digne de sa pieté & de sa munificence. tout est accordé auant que la fille en soit auertie, si qu'elle ressembla à ces oyseaux engluez, ou pris aux

aux filets, arrestez auāt qu'ils s'en apperçoiuent. Quand Aldegonde luy dit qu'elle l'auoit mariée ; Madame, luy dit-elle, pourueu que les nopces ne se facent pas sans moy, tout ira bien : mais si les accords se sont faicts sans me consulter, on pourra peut-estre faire le mariage sans que i'y sois, car ie ne suis pas resoluë d'aimer, ni de me donner ainsi sans reconnoistre. Alors la Comtesse luy ayant remonstré combien le parti qui se presentoit estoit auantageux ; Ie le veux croire ainsi, Madame, respondit Felice, car l'amitié que vous m'auez

I tous

tousiours témoignée ne vous y eust pas faict consentir autrement; mais les auantages de la bienueillance sont si grands au dessus de ceux des richesses, que ie croy qu'vne personne de iugement eslira plustost vne pauureté contente, qu'vne abondance miserable & mal satisfaitte. C'est vne trahison manifeste de se marier sans amour, ou de se marier au preiudice d'vne amitié faintement contractée & longuement nourrie. Alors elle luy confessa comme elle auoit tousiours aymé cet Escuyer dont nous auons parlé, & qu'elle cõsentiroit

tiroit plustost à espouser vn cercueil, qu'estre iamais au preiudice de sa foy mariée à vn autre. Ma chere amie, luy dit la Comtesse, ie vous cheris trop pour vous permettre iamais cette folie, ie veux vostre bien, ie vous tiens lieu de mere, vous sçauez ce que vous m'estes, ie vous veux prouuoir selon vostre qualité, il me fascheroit de vous veoir pauure & miserable. c'est vn page, Cadet de sa maison, qui n'a rien, cet autre que ie vous propose a de grands biens, & qui picqué de vostre beauté se cõtente d'vn mariage mediocre, & de

I 2 beau

beaucoup inferieur à ce qu'il pourroit esperer d'autre part. ne vous aheurtez point à ce seruiteur de ma Maison, il ne vous merite pas, ie ne vous ay iamais tenuë en consideration de seruante, bannissez cette folie de vostre esprit, si vous me voulez complaire. Alors Felice transportée de sa passion, & auec vne inconsideration digne d'vne fille, & fille amante, reiettant cette obiection au visage de la Comtesse sur la mesme affection qu'elle auoit si violente pour Oleastre, & qui luy auoit faict reietter tant de grands partis, luy fermant tout

tout à faict la bouche luy ouurit abondamment le despit qui se respandât par tout son cœur, s'espácha par apres en vne bigearrerie fort naturelle aux femmes hautaines & coleriques, telle qu'estoit Aldegonde. Elle ne luy osa pas repliquer vertement, & auecque la libre seuerité d'vne maistresse qui ne craint rien, de peur que comme ces fausses glaces qui representét les obiects tout autrement qu'ils ne sont, elle n'allast publier son amour pour Oleastre auec des circonstances qui portassent en de sinistres coniectures, & preiudiciables à ce sainct honneur dont elle auoit tousiours faict vne si exacte profession. Et bien, luy dit elle, ie ne declareray point vostre passion, à la charge que vous voylerez du silence celle que ie vous ay descouuerte, faites en sorte que vostre Pere ne vous presse point d'espouser ce Gentilhomme qu'il m'a proposé, & ie ne vous en parleray pas d'auantage. car quant à l'alliance de mon Escuyer, ie ne croy pas que iamais il y preste son consentement, sans lequel vostre mariage ne peut estre ny legitime, ny honneste, Madame, luy dit cette fille le passionnée, ie vous supplie en ce qui vous regarde de vous reposer asseurément sur ma fidelité, & pour ce qui me concerne de me laisser deuider cette fusée auecque mon Pere, pourueu que vous ne soyez point de la partie, j'auray bon marché de luy, i'espere moins de luy que de vous, ie suis née libre, il ne peut pas forcer ma volonté, ni luy faire trainer vn ioug par contrainte. les filles ont des sources d'accortise, & de subtilité capables de reduire leurs parens aux termes de leurs desirs. Aldegonde se rendit à cette resolution de parole; mais elle auoit bien en pensée de persuader au Pere de ne consentir iamais au mariage de sa fille & de l'Escuyer. De vous dire les tempestes qu'esleua cette contradiction de la fille aux volontez de son Peré, & de la recherche de son amāt transy, ce seroit chose superflue. les menaces de la tirer des mains de la trop indulgente Aldegonde, & de l'arracher de la veüe de son Medor, ne furent que les esclairs qui precederēt le tonnerre de termes plus picquans & plus aspres, qui penserent faire naistre vne aspre querelle entre l'Escuyer & le

& le Gentilhomme de Brie: car pour le Pere de Felice, il le respectoit & l'honoroit à cause de sa fille autant qu'il luy estoit possible, souffrant les outrages & les coleres de ce vieillard auec vne patience extraordinaire. Felice de son costé traitta si cruellemēt son nouueau poursuiuāt, que par le mespris & le despit il se guarit de son amour, & desista de sa poursuitte, sçachant bien que c'est vn mauuais moyen que la contrainte pour se faire aymer. Mais en fin son amour surmontāt ces rebuts, prit les difficultez pour amorce, & elles luy furent

rent comme vn souffle allumant par leur contrarieté le feu de ses desirs. Il presse le Pere, le Pere oppresse la fille, laquelle desesperant de pouuoir iamais obtenir pour mary cet Escuyer, tant par l'opposition de son Pere, que parce qu'Aldegonde ne vouloit point y entendre, ni luy donner de mariage pour ce parti, battuë de tous ces costez elle se resoult d'estre plustost Religieuse que de quitter celuy qu'elle aymoit, pour se donner à celuy que sa violence & son importunité auoient enfoncé en sa haine. A cette proposition Aldegonde

gonde consent plustost que de la veoir, disoit-elle, pauure & miserable auec vn Cadet. & parce qu'elle crut que la presence de cet Escuyer captiuant cette fille, la faisoit obstinée en sa passion, estimant que l'absence de ce Gentilhomme la guariroit, elle resolut par le conseil & la priere du Pere de Felice, de le tenir dehors pour quelque temps, durant lequel ce Pere prendroit le soin des affaires de la Comtesse. Voyla les changemens ordinaires des Maisons des grãds, aussi bien que chez les Roys & les Princes, dont les faueurs ne sont

pas

pas des heritages, & ausquels ceux qui se côfient sont malheureux. Felice & l'Escuyer s'estans auant que se separer iuré vne fidelité inuiolable, ce ieune Gentilhomme desireux de profiter durant cette absence, & de se perfectionner és exercices de ceux de sa profession, s'achemina vers l'Italie; où apres auoir roulé par l'espace d'vne année de tous les costez, sans pouuoir charmer l'ennuy qui le tourmentoit par tât d'aggreables diuertissemens dont cette contrée est embellie, à la fin trauersant l'Appennin il aborda en cette Sainte Maison.

son, où estant reconnu pour François, on l'auertit qu'il y auoit vn Religieux dedans ce Conuent, qui menoit vne vie si sainte & si exemplaire, qu'il estoit vn flambeau d'edification à tous les freres. La curiosité le porta à le veoir, & bien qui les mortifications & les austeritez luy eussent rendu le visage pasle & maigre, & que la barbe rasée le rendist moins connoissable, si est-ce que le long-téps qu'ils auoient demeuré dans vne mesme maison, fit que l'Escuyer le reconnut pour cet Oleastre tant desiré & tant regretté de la Comtesse. Ce bon

bon Religieux descouurant alors tout à faict sa teste qu'il auoit comme voylée sous vn grād & large capuchon blāc, tel que le portent les Moines de l'Ordre du Mont-Oliuet, dit à l'Escuyer en le saluant; Monsieur, depuis deux ans vous estes le premier homme de ma cōnoissance à qui i'ay parlé, & il semble que Dieu vous ait par la main conduit en ce desert, pour tirer de peine par mes nouuelles celles qui en sont en esmoy, ie prie la diuine Majesté de conduire le tout à sa gloire. Et alors s'entretenans en particulier, ils se raconterent leurs auantures

tures depuis leur derniere veüe. Oleastre luy dit qu'apres auoir erré triste & solitaire par la Lombardie, la Toscane, la Romagne, & la Marche, ayant souuent desiré se retirer en quelque Hermitage, cette vie Anacoretique luy auoit semblé si libertine, qu'il n'auoit peut se resoudre à l'embrasser, estimant que le Diable par ses suggestions le tenteroit tousiours de regarder en arriere, mais qu'il auoit plustost choisi vne mort naturelle, ou pour le moins ciuile, & qu'ayát faict dessein d'aller en l'Isle de Malte, pour chercher en quel quelque rencontre contre le Turc vn honorable & salutaire tōbeau, l'eternelle prouidéce disposant au rebours de ses propositiōs, luy auroit faict treuuer la paix au lieu de la guerre dans le sepulchre sacré de ce Monastere où il s'estoit enterré tout viuant, & cōfiné pour le reste de sa vie. Qu'apres vn an de Nouitiat il y auoit enuiron huict mois qu'il auoit esté admis à la profession, attēdant le temps que l'obedience ordonneroit pour le promouuoir aux ordres sacrez, s'il en estoit iugé capable par les Superieurs. Apres cela il se mit à faire vn discours

discours si puissant & si vif de la vanité, & des miseres du monde, qu'à peine qu'il ne retint deslors cet Escuyer, qui comme vn Cheualier errant alloit courant à l'auanture. Or ne sçauoit-il pas que l'Escuyer sceust tant de ses nouuelles, ni qu'il eust leu le grád narré de sa vie, & de ses plus secrettes passions, qu'il auoit faict remettre en partant és mains de la Comtesse. Mais l'amitié si estroitte qui estoit entre luy & Felice, la confidente d'Aldegonde, luy en auoit donné la communication, & mesme des plus intimes pensées de cette Dame,
qui

qui n'estoient point cachées à cette fille, & que cette fille ne celoit pas à son amant. Quel à vostre auis fut l'estōnement d'Oleastre, quand il ouyt de la bouche de cet Escuyer qu'il auoit veu page de la Comtesse, qu'elle n'auoit pas moins de passiō pour luy, que luy pour elle, & que si sa petitesse l'auoit retenu par vne respectueuse crainte de luy manifester ce qu'il souffroit à son occasion, la grandeur & la vanité auoient de mesme empesché Aldegonde de luy declarer, comme elle auoit faict à Felice, les extremes passions qu'elle auoit pour

pour luy, iouans ainsi l'vn l'autre au ieu de l'aueugle, s'entraymans esperdument sans le sçauoir? A quel point fut reduitte son ame, quand il entédit que le mesme iour de sa fuitte deuoit estre celuy de sa victoire & de son triomphe, & qu'il deuoit alors rencontrer ce qu'il n'auoit iamais osé esperer? Il pensoit que ce fust vn songe, quand l'Escuyer qui auoit succedé à sa place, luy raconta les secrettes conferences qu'Aldegonde auoit eües auecque Felice sur le dessein de l'espouser, ce qui alloit esclorre quand luy mesme fit

fit ainsi que l'Austruche, laquelle cachant ses œufs sous le sable de la Lybie, les casse quelquefois en marchât dessus. Quand il sceut le rebut du Marquis à sa consideration, la solitaire retraitte d'Aldegonde, qui gemissoit apres son retour, comme vne Colōbe separée de son pair: cette beauté si longuement aymée, si ardamment desirée, si fidelement seruie, si respectueusement honorée; cette grandeur, le lustre de cette fortune, ces grāds biens, ce comble de ses plus hauts desirs, tout cela reuint deuāt ses yeux en vn somptueux appareil,

pareil, pour faire vne puissante batterie contre son cœur, & luy faire regretter vn bien dont sa promptitude & son imprudence l'auoit priué. Mais, ô force surnaturelle de la diuine grace! son ame se treuua lors en vne si ferme assiete, que comme le faiste du mont Olympe, ces tourbillons qui auoient autrefois excité tant de tempestes en sa ceruelle, furent des vagues contre vn rocher: il regarda cette decadence de fortune comme rien, disant auec l'Apostre, pour gaigner IESVS-CHRIST tout le reste m'est du fumier, toute chair est foin,

foin, la figure de ce monde passe, & toutes ses conuoitises s'esuanoüissent comme l'ombre. En l'estat Religieux il estoit comme les Apostres, n'ayant rien, & possedát tout, abondamment riche estant pauure auec le Crucifié. luy qui estoit vn roseau dedans le Siecle, se treuua vne colomne au desert, regardant le desbris de son naufrage non seulement auec de la constáce, mais auecque ioye. tant il est vray que ceux qui iettent leur esperáce en Dieu, prennent des aisles d'Aigle, & font vn essor qui iamais ne s'abbat. L'Escuyer voyant qu'il qu'il dedaignoit auecque tāt de generosité, ce qu'il auoit auttefois desiré auec tant de foiblesse, iugea bien que le doigt de Dieu, c'est à dire, le S. Esprit, estoit en cette ame, laquelle pouuoit dire auec S. Pierre, voyla Seigneur, nous auons tout quitté pour vous suiure ; & auecque Dauid, voyla que ie me suis esloigné en fuyant, & que ie me suis retiré en la Solitude. Solitude mon Paradis terrestre, & qui m'est plus precieuse que les voluptez, les vanitez, & les opuléces du monde. Pleust à Dieu, disoit l'Escuyer, que ie fusse abbordé à ce riuage aupara

parauant que vous fussiez engagé dás les vœux solemnels, ie croy que les nouuelles que ie vous apporte, vous eussent esté aussi douces que maintenant venuës hors de saison elles vous doiuent estre ameres. Alors, respondit Oleastre, elles m'eussent esté aussi ameres que maintenant elles me sont aggreables, car elles eussent peu exposer vn Nouitiat & à la tétation, & à l'oppression d'vne cóiuration importune, qui m'eust dit sans cesse, descen de la Croix ; ce que ie n'eusse pas faict assisté de la grace & de la feruueur, pour toutes les Aldegondes de la
terre.

terre. Mais maintenant que i'ay rendu mes vœux au Seigneur dans les paruis de la sacrée Ierusalem, la sainte Religion, ie puis bien dire auec cet autre,

Non non, qu'elle demeure à son contentement,
Ou dure, ou pitoyable, il n'importe comment,
Autre amour que de Dieu mon esprit ne souhaitte;
Et quand de mes trauaux ie n'aurois que du fiel,
Le sort en est ietté, l'entreprise en est faite,
Je ne sçaurois brusler d'autre feu que du Ciel.

O que ie benis les desdains &

les mespris de cette ame hautaine, puis qu'ils me sont cause de ce grand bien, qui m'achemine à l'eternité, & qui est plus desirable qu'vn diademe, veu que de grands Princes ont autrefois quitté leurs Sceptres pour se soumettre au ioug Religieux. Qu'elle m'a bien plus fauorisé en me desobligeant, qu'elle n'eust faict en me declarant ses flammes, qui eussent entretenu les miennes iusques au tombeau. ô si i'auois employé pour le Ciel, & pour le rachapt de mes fautes, les souspirs, les larmes, & les vœux que i'ay respandus inutile utilement pour elle, puis qu'elle ne pensoit pas en estre le sujet, que ie serois maintenant auancé en la vie de l'esprit, & en la voye de la perfection, autrement que ie ne suis. Mais il faut que mes negligéces, & mes folies passées me soient desormais autant d'aiguillós dans le flanc, pour me faire haster d'entrer au vray repos, qui ne se treuue que dans la perfaitte mortification interieure & exterieure. Ie vous supplie, si vous retournez en France, d'y publier ma mort (aussi bien lo suis-je ciuilement, m'estant enseueli dans ce sepulcre)

affin

affin qu'Aldegonde passant l'esponge de l'oubly sur la souuenance qu'elle a de moy, releue son courage vers vne meilleure attente; comme de ma part ie feray tout mon possible pour arracher de ma memoire les espines qu'elles m'a faict sentir, & les roses que vous dites qu'elle preparoit pour en couronner ma fidelité. Des-ja cette affection qui estoit née en moy de la splendeur de sa veüe, est suffocquée dans les tenebres de l'absence, n'estant plus qu'vn fantosme, & comme l'image de ce que i'ay esté. Que si par hazard elle sçait que ie viue enco

encore, faites luy sçauoir que ie suis libre entre les morts, & que ie suis (quoy que tres-indigne) au rang de ceux qui blessez du traict doré de l'Amour celeste, dorment dans les sepulcres de leurs celles, assoupis de ce doux sommeil duquel le diuin Amant ne veut pas qu'on resueille son Espouse. Ie desire bien qu'elle soit grande deuant les hômes, mais ie la souhaitte encore plus grande deuát Dieu, & quoy qu'elle soit comblée de biens temporels, ie luy desire bien plus l'abondance de la grace, & cette graisse de fromét esleu, qui perfection-
K 3 ne

ne les ames des predestinez. Si nous n'auons peu estre vnis en terre, nous deuons viure en sorte que nous puissions estre reünis en l'eternité, pour y chanter le Cantique de nostre deliurance, & celuy de la souueraine dilection de l'Agneau. Ce furent là les discours dont ce ferme & bon Religieux entretint le Gentilhomme Picard, qui de son costé luy raconta sa fortune, & son desastre en la sorte que nous l'auons raconté, luy declarant ses affectious pour Felice, & la rigueur d'Aldegonde recompensant ses seruices de tant d'ingratitude,
en

en s'opposant au mariage auquel il aspiroit. Il demeura quelques iours en ce Monastere, où il apprit la grande estime en laquelle tous les Religieux auoient Oleastre, & qu'ils esperoiét de le veoir vn iour vn des ornemens de leur Ordre. & certes il se fut deslors attaché au mesme genre de vie, mais il se reconnoissoit encore si foible, & si engagé au móde, que quand il l'eust quitté, ses nœuds n'estás pas tout à faict dissouds, il l'eust peut-estre repris pour s'y plonger plus auant & plus fortement qu'il n'y estoit embarqué, si bien qu'il iugea

plus

plus à propos de differer son imitation iusques à ce que l'espoir de posseder sa Felice fust tout à faict esteint, veu que sans vne extreme desloyauté il ne pensoit pas luy pouuoir fausser la foy qu'il luy auoit iurée. Le voyla dóc resolu à son retour en France, pour y noüer, ou pour y dissiper tout à faict ses liens. & parce qu'il croyoit que la nouuelle inesperée qu'il apporteroit à la Comtesse de la vie, & de l'estat de son Oleastre, luy redonneroit quelque accés en ses bonnes graces, affin que son rapport ne fust point pris pour vn songe,

ge, & pour la feinte d'vn hôme qui a beau en faire accroire en venant & en parlant de loin, il desira vn mot d'escrit d'Oleastre, qu'il eut toutes les peines du monde d'obtenir ; car il alleguoit tant de raisons, par lesquelles il prouuoit à cet Escuyer de ne le deuoir pas faire, de peur de troubler sa paix, & de resusciter en la Comtesse des imaginations inutiles, qu'il estoit presque sur le point de se contenter d'vne attestation du Superieur du Monastere comme Oleastre estoit en vie, & Religieux de l'Ordre du Mont-Oliuet: mais en
fin

fin il pria tant, il cōiura tant, qu'il obtint l'enterinement de sa requeste, pourueu que le Pere Superieur l'aggreast. Ce qui fut aisé de faire à l'Escuyer, lequel ietta tant d'estonnement en l'ame de ce Superieur par le recit de la fortune d'Oleastre, qu'il luy representa tout naïuement, que cela accrut encore de beaucoup la bonne opinion qu'on auoit de luy. Il eut dōc vne lettre d'Oleastre à Aldegonde, dans laquelle l'Escuyer le pria de jetter quelques lignes en sa faueur, & affin que la Comtesse se rendit flexible à son dessein pour Felice;

Felice ; & affin de ne ressembler pas à Vrie, qui porta dans son sein le pacquet de sa condemnation, il eut communication de cet escrit, lequel disoit à peu pres ainsi.

MADAME,
Si la forme de ces characteres remet en vostre memoire l'idée d'vne personne morte, ne vous imaginez pas que son ame ait esté euoquée du tombeau comme celle de Samuel, pour vour tracer ces lignes ; la douce violence de la priere du porteur, & la force de l'obeyssance Religieuse l'y ont forcé, pour seruir de

K 6 témoi

témoignage que si la mort naturelle n'a pas encore separé mon ame de mon corps, la ciuile a tout à faict desjoinct mon esprit des anciennes affectiōs qui l'attachoiét à la terre, entre les obiects de laquelle i'auoüe que vous auez esté non seulement le plus puissant, mais l'vnique. Car tout autre m'estoit à mespris à comparaison des merites de vostre personne, laquelle i'ay tousiours consideré separement de ses grandeurs, & de ses richesses, bien que ces qualitez n'apportent pas vn petit ornement à celles qui vous rendent recomman mandable. Mon long silence, & ce timide respect qui vous a caché ces extremes passions que vous me causiez, & l'ardeur des flammes que vostre veüe allumoit en mon ame, ne vous peuuent faire douter que ie ne vous aye honorée auec autant de reuerence qu'on en rend aux choses les plus saintes & venerables. Et c'est maintenant vne de mes peines, de sçauoir comme ie me pourray purger de cette espece d'idolatrie, qui m'a faict autrefois vous reuerer comme vne mortelle Deesse, en l'aspect de laquelle (helas que i'estois impie!) ie constituois

tuois le haut point de ma felicité. Si que le nom d'esclaue pour vous m'estoit plus precieux que le tiltre de Monarque, auecque tant d'autres folies que le souuenir m'en feroit mourir de honte, si dans le merite de la cause ie ne treuuois quelque excuse de l'effect. Mais à present que ces illusions sont euanoüies, ces enchantemens disparus, & que le collyre de la grace a rendu aux yeux de mon entendement la lumiere de la raison, tant de vains desirs, & tant d'ambitieuses pretensions me sont aussi odieuses qu'autrefois elles m'ont semblé

blé aggreables. Si bien que tout ce que ie deſire de vous pour recompenſe de tant de ſeruices que ie vous ay rendus, eſt que vous en perdiez la memoire; puiſque paſſant l'eſponge de l'oubly ſur les plus beaux traicts que voſtre merite auoit emprains en ma ſouuenance, & ſur tant de foles penſées, que ie me ſuis deſrobé à moy-meſme pour les vous donner, ie n'ay autre exercice que de reconquerir la liberté de mon eſprit par la perte de cette affectiō, qui m'attachoit à vn ſujet ignorant de mes peines, & cauſe innocente du martyre que ie
ſouf

souffrois. Cette priuation qui m'eust esté autrefois si difficile, m'est maintenant si douce, que ie m'estime tres-heureux d'estre tombé dans vn malheur qui m'a enleué vn bien dont la possession eust peut-estre esté cause de ma perte. Maintenát ie n'ay plus de desirs que pour le Ciel, d'amour que pour Dieu, de peine qu'à combattre mes mauuaises habitudes, de souspirs que pour mes imperfections, de regrets que de mes pechez, de larmes que pour la penitence, de rauissemens que pour la souueraine beauté de Dieu, d'ambitions que

que pour son seruice, de richesses que la pauureté, de plaisir que la continence, de volonté que l'obeyssance, ne viuãt plus moy, mais IESVS-CHRIST en moy. O Madame, que ie serois bien alors arriué au comble de mes souhaits, si ie vous sçauois couchée sur l'estat & au seruice d'vn si grand Maistre! Certes ie n'aurois plus rien à souhaitter, sinon de mourir en celuy qui vous auroit attirée à son seruice. Oubliez moy donc grande & vertueuse Aldegonde, sinon en Dieu, à la misericorde duquel ie vous prie de recommander mon ame,

ame, affin qu'il luy donne la perseuerance en l'estat Religieux, auquel vostre Escuyer m'a treuué engagé. C'est vn Gentilhomme plein d'honneur & de vertu, & tout ardant de zele pour vostre seruice. il merite que vous ayez pitié de sa passion, en luy procurant celle qu'il desire. A cela si la priere d'vn pauure Moine pecheur peut quelque chose, ie la respans deuant vous és entrailles de la charité de nostre Sauueur.

Auec cela il part pour Naples, où ayant treuué les Galeres de Gennes prestes à faire voyle, il s'en retourna dedans

dans iusques en cette superbe Cité l'vn des riches ornemens de l'Italie, de là prenát son chemin par terre, il vint par la poste de Turin à Lyon, & de là il se rendit aussi-tost à Paris, où vous dire le saisissement qui prit Aldegonde, quád elle sceut que son Oleastre viuoit non plus au monde, ny pour elle, mais pour la Croix, il est impossible; car il faudroit vn sentiment pareil au sien pour en exprimer comme il faut le ressentiment. Mais fut bien autre l'estonnement de l'Escuyer, qui vid toutes ses esperances mortes de la façon que vous allez

allez entédre. Aussi-tost qu'il fut parti, le Pere de Felice & la Comtesse commencerent à tourmenter si cruellement la pauure Felice, pour luy faire prendre en mariage ce Gentilhomme de Brie, dont nous auós parlé, que ne pouuát plus supporter la rigueur du traittemét & l'oppression sous laquelle elle gemissoit, elle se resolut de se ietter dás vne Religion, & le Pere qui ne demandoit qu'en estre deschargé de quelle façon que ce fust aux despens d'Aldegonde, consentit à cela, si que la bonne fille comme vn Agneau innocent, & comme
vne

vne victime d'amour & de fidelité, se jetta dans vn Monastere, où le desespoir de son entrée se changea en peu de iours en vne telle & si veritable deuotion, qu'elle reconnut la verité de ce mot, qu'elle estoit perduë au monde, si elle ne se fust ainsi heureusement perduë en Dieu. Elle estoit en cette disposition quand l'Escuyer arriua, si que sa veuë, & sa venuë furent de trop debiles efforts pour esbransler la constance de cette fille, laquelle ayant gousté la manne du desert, deuint degoustée des aux de l'Egypte, persuadant au contraire

traire à l'Escuyer de se soumettre au mesme ioug si suaue, & le conuiant d'essayer combien le Seigneur estoit doux, & combien il estoit bon de s'attacher à vn si bon Maistre, & de jetter en luy toutes ses attentes, en disant auecque Dauid,

A toy ie me suis attendu,
Que ie ne sois point confondu,
Seigneur mon vnique esperance,
Et le fort de mon asseurance.

Voyla l'Escuyer au desespoir, c'est vouloir tirer la Lune des Cieux, que penser arracher cette fille de son Cloistre, bien qu'elle soit encore Nouice.

uice. Or voyez la tentation que le Diable prepare à Oleastre, & à Felice par l'artifice d'Aldegonde & de l'Escuyer. cettuy-cy promet à la Comtesse de faire sortir du Monastere Oleastre sous vne dispense qu'il s'imagine facile à obtenir à Rome, veu qu'il n'est pas encore engagé aux Ordres sacrez ; & celle-cy se promet de remettre à l'Escuyer sa Felice, s'il peut venir à bout de ce dessein, veu qu'elle ne peut estre professe sans qu'elle parle, veu qu'elle a promis de fournir l'argent de sa dote Religieuse. Voyla donc l'Escuyer remis aux
gra

graces de la Comtesse, & qui se dispose de recourir en Italie, où voulant prendre il sera pris : car Dieu en fin sera le maistre, & les Religieux seront victorieux du Siecle, du sang, & de l'enfer, suyuant la parole de celuy qui leur a dit ; Ayez confiance, car i'ay vaincu le monde,

Qui me contrarie & trauerse,
Sans honneur tombe à la renuerse.

La vertu cóme l'huile prend tousiours le dessus ; il n'est que de bien, car à la fin on a tousiours l'auantage.

En arriere auecque mespris
Retournent chargez d'infamie
Ceux

Ceux qui d'vne bouche enne-
mie
Laschent côtre les bôs des cris,
Remportans pour iuste salaire
La honte qu'ils leur pensoient
faire.

Auant que partir il ne laisse rien arriere pour essayer de disposer Felice à quitter l'habit Religieux, iusqu'à la menasser que la Comtesse luy manqueroit de parole. mais quand il sceut d'elle que quand ce manquement arriueroit, les Sœurs ne laisseroient pas de l'admettre à la profession, puis qu'elles desiroient sa personne plustost que ses biens, & que quand

L   son

son Pere consentiroit à leur mariage, & la Comtesse en fourniroit les moyens, iamais elle n'y entendroit, le suppliant de ietter les yeux sur le mesme Espoux qu'elle auoit choisi, & de n'irriter point le Ciel par vn attentat si sacrilege, la voulant arracher du pied de l'Autel, l'Escuyer plus mort que vif ne sçauoit à quoy se resoudre. A la fin voicy la determination qu'il prit, ce fut de rendre (quoy que ce fust contre son propre jugement) ce dernier deuoir à la Comtesse, d'essayer de luy ramener son Oleastre, sinon voyant Felice aheur aheurtée à sa vocation, il se proposoit d'ébrasser la mesme condition d'Oleastre, & de changer son desespoir en vn vœu sainct, qui le destachant des embarras du monde, le rendist heureusement attaché à la Croix. Il part, & reprenant ses mesmes erres, il vint chargé des lettres d'Aldegonde si pleines de charmes & d'attraicts, qu'elles eussent esté capables de trásporter des mótagnes. Car que ne disoit-elle ? que ne promettoit-elle à Oleastre? quels témoignages d'amour ne luy rendoit-elle, pour tascher de le faire sortir de cette Solitu-

L 2 de

de sous le manteau specieux d'vne dispense du Pape? Il sembloit que ce fust vne seconde Eue persuadant à ce nouuel' Adam de gouster du fruict deffendu, & de quitter le Paradis terrestre sous l'esperance d'estre aymé, chery, honoré, adoré d'elle comme vn demy-Dieu. Mais tous ces traicts, quoy que tres-forts & tres-aigus, contre le cœur d'acier & de diamant d'Oleastre furent laschez côme de la main d'vn enfant, & n'y eurent aucune prise. Au contraire cette lasche façon de se rendre à la mercy d'vn homme, ietta autant de mespris

pris de la Comtesse dans l'esprit d'Oleastre qu'autrefois sa façon dedaigneuse & altiere y auoit versé d'amour; tant il est vray que le desir est languide d'vne chose facile à conquerir : au contraire,

Où le trauail est grand, c'est là que l'on s'efforce,
Plus de peine il-y a, plus il y a d'amorce.

Que si en ces lettres qui autrefois eussent esté des charmes & des rauissemens pour Oleastre, il ne void que des passions autant indignes de sa consideration, que dignes de sa risée, combien plus foibles furent les persuasions

de l'Escuyer, qui meilleur hôme de cheual que Theologien parloit des dispenses du Pape côme vn Clerc d'armes? Certes les dispenses des vœux solemnels ne se donnent que pour des causes extremement importantes, & pour des clauses si euidément necessaires, qu'on void clairement que c'est la charité qui conduit les Souuerains Pontifes quand ils en viennent là, autrement les dispensations seroient des dissipations, & le pouuoir des Clefs donné pour l'edification, se tourneroit à la ruine de l'Eglise. Mais quand Oleastre
eut

eut appris de l'Escuyer la disposition en laquelle il auoit laissé la constante Felice, & les efforts qu'il auoit employez pour la diuertir, alors espris de cette ialousie de Dieu, qui fait qu'on ne peut souffrir qu'on destourne les ames de la suitte du celeste Espoux, helas! luy dit-il, Mõsieur, qu'auez-vous faict? comme pouuez-vous iamais reparer cette faute, si vous mesme ne vous consacrez comme vne victime de satisfaction aux pieds des Autels, veu qu'il est escrit, œil pour œil, dent pour dent, & ame pour ame? Si celle-là venoit
à per

à perdre sa vocation par vos suggestions (pardonnez-moy ce mot) vrayment diaboliques, tant s'en faut que vous la peussiez espouser, qu'au contraire ie tiens que vous seriez obligé de restituer par l'oblation de vostre personne l'offrande que vous auriez ravie à l'Autel ; pensez-y bien, ce ne sont pas icy des jeux d'enfant, il y va du salut eternel, ces charbons ne se tirent pas de dessous le sacrifice sans pincettes, le sang de cette oüaille sera vn iour rigoureusement exigé de vostre main, & peut estre sera ce vn des plus grands crimes dont l'ac-

cusateur de ses freres, l'ennemy de nostre salut vous chargera vn iour, quãd vous comparoistrez deuant le tribunal du iuste Iuge. Et que sera-ce quand il vous surchargera du forfaict que vous attentez encore en me voulant persuader que ie rompe mes vœux, & que cõme vn chien ie reprenne ce que i'ay vomi? que respondrez-vous quand vous serez interrogé sur la lettre que vous m'auez apportée, dont les mots sont autant de characteres enchantez, capables d'ensorceler vn esprit qui ne seroit point soustenu d'vne grace extraordi-
nai

naire? Peut-estre direz-vous que vous ignorez ce qu'elle cótient, mais ne sçauez-vous pas qu'on se rend coulpable de fautes occultes, & par la participation du peché d'autruy? au moins n'ignorez-vous pas les intentions de celle qui vous enuoye, puisque vous déployez si artificieusement les voyles de vostre bien dire pour me representer ses passions, ses grandeurs, & tant d'autres vanitez, dont le souuenir me rend miserable. C'est dommage qu'vne telle eloquence ne rencontre vne plus iuste cause, & n'est employée en vn

plus

plus digne sujet. Bien vous prend que Dieu me donne la force de resister à tant de traicts, & de mespriser de si puissans attraicts qui haussent voltre crime, & mettent vostre bouche dans le Ciel en augmentant ma couronne. Or sçachez Monsieur, que le mesme Esprit de Dieu, qui m'a conduit en ce desert, a faict entrer l'heureuse & constante Felice en la Religion, & que vous aurez aussi peu de credit pour me faire tourner les yeux vers Aldegonde, que la Comtesse vers cette fille, pour faire qu'elle vous regarde. Ceux qui ont vne

L 6   bon

bonne fois savouré les delices de l'esprit, dedaignent hautement celles du corps; & qui a vne fois pointé son desir vers le Nort de l'eternité, le retourne malaisément vers les obiects caduques & perissables. Si prenant vn meilleur conseil, il vous plaisoit de reuenir a vous mesme, & de changer ces folles & temeraires entreprises en vn meilleur dessein, & vous enrooller pour faire penitéce de tant d'erreurs, sou l'estendard de la Croix, ie croy auoir bien assez de credit en ce Monastere pour vous y faire ouurir les bras,

que

que si vous y entrez comme i'ay faict, par la porte du desespoir, il est en la puissance de celuy qui applanit les montagnes, & rehausse les valées, de redresser des voyes obliques, & de faire vne salutaire theriaque d'vn venin pressant & mortel. Ce discours animé d'vn sainct zele, fut suyui de tãt d'autres puissantes persuasions, que le cœur de l'Escuyer deuint en sa poitrine comme de la cire fonduë, mais plustost se fit cõme vn plomb qui se fond en vn instant: car quittant tout à coup les pretensions de la terre pour celles du Ciel,

se

se jettant tout baigné de larmes aux pieds d'Oleastre, il le prit au mot, & le supplia de luy procurer vne place en ce Monastere, où reuestu d'vn sac de penitence il peust trainer auecque luy le ioug Religieux, & seruir vn mesme maistre, comme autrefois ils auoient esté en seruice chez vne mesme maistresse. Oleastre à peu pres comme le bon Pere de famille de l'Euangile, receut à bras ouuers ce Prodigue reuenant d'vne region lointaine, lequel quittant l'Egypte du monde se refugioit à ce desert. Sur sa parole le Superieur jetta le retz,

retz, & ce poisson fut pris, qui se degorgeant des eaux ameres de la mer du Siecle dans les fleuues doux & suaues, qui coulent au Paradis terrestre de la Religion, n'a iamais eu desir de se relancer sur le sec des sables du monde. Oleastre escriuit à la Comtesse pour la desabuser de l'esperance de son retour, & l'Escuyer à Felice pour la confirmer en sa vocation, & à Aldegonde pour la supplier d'estre en cela fauorable à cette fille dont il auoit suyui les vestiges, estimant faire par bonne raison ce qu'il embrassoit à son exemple. Il me

sou

souuiér encore de la substance de ces lettres que i'ay veües, & qui disoient à peu pres ainsi.

Lettre d'Oleastre à Altegora

MADAME,
Il me semble que par celle que l'obeyssance m'obligea de vous escrire il y a quelques mois, vous auez peu reconnoistre qu'elle estoit la determination de ma volonté, laquelle secondée de la grace du Ciel, se va tous les iours establissant de plus en plus au ferme propos de choisir pluftost mille suppli-

ces, & autant de morts, que de faulser d'vn seul point les vœux que i'ay faicts solemnellement au Tres haut en la face de son Eglise, en la preséce des Anges & des Saincts. Ne pensez point, Madame, que pour toutes les grãdeurs, les cõmoditez, & les richesses de la terre ie me departe iamais de ce que i'ay si authentiquement iuré, que ie ne m'en puis retracter sans acquerir ma damnation, cõme l'Apostre m'enseigne: vne foy si publiquement donnée ne peut estre violée sans cõmettre vne perfidie digne de mille enfers. C'est pourquoy

ie

ie suis asseuré, pourueu que la grace qui m'a faict ce que ie suis, ne me delaisse point, que ni la mort, ni la vie, ni les hommes, ni les Anges, ni le present, ni l'auenir, ni les tourmens, ni les delices, ni creature quelconque ne me pourra iamais separer de la charité de IESVS-CHRIST. Ie suis attaché auecque ce sanglant Espoux en la Croix par les trois clouds de mes vœux solemnels, desquels ie ne me desprendrois pas pour tous les biens, ni par toutes les dispenses Apostoliques, lesquelles ie n'obtiendray iamais, non seulement pour

n'a

n'auoir point de cauſe legitime pour inualider mes promeſſes, mais beaucoup plus pour ne les vouloir ni demãder, ni obtenir. Ie ne tiens point pour malheur la priuation des felicitez que voſtre amitié me preparoit par des voyes autant iuſtes & deſirées, que peu eſperées de celuy qui eſtimoit eſtre coulpable d'vne pardonnable temerité, d'auoir oſé hauſſer ſes yeux vers voſtre viſage. Au contraire ie tiens ce traict de la prudence diuine pour vn des plus ſignalez bienfaicts que la main liberale de Dieu ait iamais verſez en mõ ſein,
puiſque

puisque de là m'est arriué le grand bonheur de ma vocation à la vie Religieuse. J'estois perdu si ce sainct desespoir ne m'eust ainsi perdu, car secondé de vos faueurs, & soustenu de la grandeur de vostre fortune, ie voy ma perte toute euidente dans les vanitez & les delices, où mon esprit se fust emporté. Dieu m'ayant donc retiré si fauorablement de ces abysmes de la terre, & soustraict par sa dilectiõ ce qu'il m'eust concedé en sa colere, que puis-je faire sinon luy sacrifier vne hostie de loüange pour moy, & inuoquer son

sainct

sainct nom sur vous, affin que versant sur vostre esprit le salutaire oubly d'vne personne qui ne vous peut estre legitimement acquise, il vous attire toute à soy en l'odeur de ses parfums, qui passent tous les aromates dont l'Arabie est heureuse? O Seigneur, faites mourir en Aldegonde sinon le souuenir, au moins le desir de l'indigne Oleastre, & sur les ruines de cette amour passée establissez si puissamment la vostre en son ame, que foulât aux pieds tât d'honneurs & de richesses dont elle regorge, elle pense n'auoir rien donné quand pour

pour vostre dilection elle aura distribué vne grande partie de cette superflue substace aux pauures; faites qu'ayāt dispersé & dispensé largemēt tant de facultez, elle paruienne aux eternelles richesses par les passageres, & à la vraye gloire du Ciel par le mespris de celle du monde. Madame, si mon exemple n'est assez fort pour vous inuiter à m'imiter, regardez au moins celuy de la deuotieuse Felice ; ha ! pour Dieu ne commettez pas vn si grād sacrilege que de la rauir aux Autels par la soustraction de la dote, à laquelle vostre parole

role est engagée. ce ne seroit pas máquer de promesse aux hommes, mais à Dieu, & arracher impiteusement des bras ouuers du cher Crucifié vne Espouse bien aymée. Imitez encore Ferdinand, Madame, lequel ne pretendant plus rien en cet obiect terrestre, n'a plus d'autre ambition que pour le Ciel. Celuy qui estoit venu pour me diuertir est conuerti, & au lieu de me persuader de quitter vn sainct habit, que ie ne puis laisser sans renoncer au Paradis, il abandonne le sien pour se reuestir de celuy de nostre Ordre en ce mesme

Mo

Monastere, où a esté recueilly auecque tant de charité le desbris de mon naufrage. Voyla, Madame, des changemés de la droitte de Dieu, aymez-les en faueur de la main qui les a operez, adorez-les, imitez-les, & vous treuuerez par experience que mieux vaut vn iour dans les cellules de la vie Religieuse, que mille dans les pompes de la Cour, & dans les tabernacles des pecheurs. Ie n'ay plus qu'vn mot à vous dire, apres lequel ie vous prie de n'en esperer point d'autre, c'est que si ie voyois ouuert deuant mes yeux le puits de l'abysme l'abysme vomissant des flammes plus hautes & plus ardantes que celles de la fournaise de Babylone, ie m'y lancerois plus volontiers que ie ne consentirois à retourner dans l'Egypte du monde, non, ie ne flechiray iamais les genoux deuant Baal, c'est pour cela que ie me suis retiré en ce desert, ni deuant la statuë de Nabuchodonozor. Il me vaut mieux, comme disoit le valeureux Machabée, mourir mille fois que de rompre ma foy. Les feux d'enfer me sembleroient plus supportables que la rupture de mes vœux : car ie desire vn iour pouuoir dire auecque le diuin Apostre; I'ay combattu vn bon combat, i'ay acheué ma course, i'ay conserué ma foy sans la fausser, que me reste-t'il sinon de receuoir la couronne de justice des mains du iuste Iuge au grand iour de l'eternelle retribution? O Seigneur fauorisez moy de cette grace par vne sainte perseuerance, laquelle seule entre les vertus, comme la Grenade entre les fruicts, porte la couronne, & cõblez la vertueuse Aldegõde d'autant de contentemés que luy en peut souhaitter ce Moine pecheur. OLEASTRE.

Lettre

Lettre de Ferdinand à Felice.

CE n'est plus cet importun & impertinent Ferdinand qui vous escrit, ma chere Sœur, pour vous diuertir de vostre entreprise Religieuse, de meilleures pensées par vos prieres & vos remonstrances sont entrées en son ame, à vostre imitation il s'est faict Religieux au mesme lieu où le vertueux Oleastre a changé son desespoir en vn contentement incomparable. O ma chere Felice! vous m'estes cause de cette felicité; car si vous n'eussiez esté

esté vne colomne du Temple en fermeté, i'eusse esté vn roseau du desert en inconstance. Qu'elle reconnoissance rendray-ie iamais à Dieu pour vn bien si signalé, qui m'a fait treuuer les vrayes douceurs dans les iustes rigueurs que vous m'auez tenuës? Certes ie puis dire qu'il m'a faict tirer le miel de la pierre, & l'huile du caillou, iamais disgraces ne furent plus gracieuses que les miennes, puisque les orages où ie pensois faire naufrage m'ont chassé au port, & au port de salut. port heureux, où sans crainte, & deliuré de
nos

nos communs ennemis, le monde, le sang, & l'enfer, ie puis seruir à Dieu en iustice & en sainteté tous les iours de ma vie. I'estois venu pour surprendre, & i'ay esté heureusement pris, i'auois dessein de dissuader vne sainte vie qu'on m'a persuadée, & à l'entrée de laquelle i'ay les mesmes assentimens de douceur qu'experimentent ceux qui abbordent aux Isles fortunées. O Seigneur, que grande est la multitude des suauitez que vous departez à cachettez à ceux que vous aymez, & qui vous cherissent! non, mon bon Dieu, ie n'oublieray point eternellement vos iustificatiõs, car c'est par elles que vous m'auez donné la vie. Resioüissez-vous maintenant, chere Felice, & demenez vne grande allegresse auecque cette troupe de vierges Angeliques où vous estes enroollée, sur la conuersiõ de ce pecheur, vous y estes obligée, sinon par affection, au moins par deuotion, puisque les Anges dedans le Ciel font vne feste solemnelle sur le changement d'vne ame pecheresse qui vient à resipiscence. c'est maintenant que vous estes vrayment à moy, & moy à vous, puisque nous som sommes à vn mesme maistre, vnis & vns en IESVS-CHRIST, à la douce bonté duquel ie vous supplie de recommander mon ame parmi les saintes ardeurs de vos feruentes cōtemplations, comme de ma part ie le prie qu'apres la course de ce mortel pelerinage nous nous puissions reuoir deuant sa face glorieuse en l'eternelle & triomphante Ierusalem.

Lettre de Ferdinād à Aldegonde.

MADAME,
Ie viens d'experimenter la verité de cette parole

du Pſalmiſte, que ceux qui meditent inutilement des deſſeins iniques, ſont à la fin confondus en leurs attentes. Mais qu'heureuſe eſt cette confuſion qui nous met au chemin de la vraye gloire, & que les coups de lancette du Chirurgien ſont deſirables qui nous oſtent le mauuais ſang. I'eſtois venu en cette contrée pour y executer vos intentions, & pour venir à chef des miennes. Mais Dieu qui void de loin nos penſées, & qui ſçait cōbien ſont vains nos proiets, a diſpoſé les cœurs tout au rebours de nos propoſitions, & bouleuerſé

les

les inuentions de ceux qui haïssent Sion, c'est à dire, la tranquilité des ames qui ont mis leurs pas és sentiers de la paix. Madame, la bonté d'Oleastre a surmonté ma malice, & au lieu de le tirer de l'asyle sainct où il s'est refugié, il m'y a faict receuoir moy-mesme auec vne charité extraordinaire. Si bien qu'au lieu d'y treuuer vn digne chastiment de ma faute, i'y ay moissonné vne recompense qui me durera si ie suis fidele, iusques dedans l'eternité. Que les raisons humaines sont foibles deuant les diuines, ce sont des lampes deuant le Soleil. Ie le voulois rauir à l'Autel, & il m'a attiré au seruice de l'Autel, rendant bien pour vn mal, comme vne pierre viue qui paye les coups qu'on luy donne auec des estincelles. O Dieu Madame, que ie suis content d'estre ainsi heureusement peri, pour me retreuuer au seruice de Dieu en vne Congregation toute sainte. que i'eusse esté malheureux, si pour posseder Felice i'eusse perdu ce bonheur, le plus grand à mon iugement qui puisse arriuer à vne creature raisonnable. Madame, vous estes bien grande, mais il n'est point de telle

telle grandeur que de seruir cet Agneau, aux pieds duquel les Roys dedans le Ciel mettent bas leurs Couronnes. Que cette inspiration seroit aymable qui vous porteroit à vn semblable dessein, c'est vn parti bien autre qu'Oleastre, lequel, comme ie m'en asseure, ne manque pas de vous y exhorter, & en mesme temps de vous faire sçauoir l'immuable fermeté de son ame en l'obseruance de ses saincts vœux. De moy, Madame, qui ne suis encore qu'vn pauure Nouice, i'y suis aussi determiné que si ie les auois des-ja solemnellement iurez, & ie ne croy pas qu'il y ait rien au monde de capable de me faire varier en cette resolution d'estre tout à Dieu: auquel ie souhaitte aussi passionnément que Felice appartienne, que malicieusement ie vous auois supplié en partant de la trauerser en ce dessein. Mais affin que le remede prouienne de la mesme main qui a faict la playe, ie vous coniure autant que ie puis, Madame, par tous les seruices que ie vous ay iamais rendus, & par voſtre propre generosité, de ne luy denier pas la dote que vous luy auez promise, autrement vous me

ren

rendriez coulpable de cette faute, & vous ne seriez pas exempte de la participation de ce crime. Au nom de Dieu, Madame, continuez luy cette faueur, & le Dieu des misericordes en sera vn iour vostre recompense trop plus grande.

Ces lettres leües par celles à qui elles estoiët addressées, aidées de l'onction de la grace diuine attirée par les prieres, & les larmes d'Oleastre, firent vn grand effect; car elles confirmerent Felice en sa vocation, la consolerent de celle de l'Escuyer, & outre la dote de cette fille qu'elles tirerent

rerent des mains d'Aldegonde, elle se rendit fondatrice d'vn Monastere de filles au païs du Comte son mary, où elle se mit pratiquant en son habit seculier tous les exercices des Religieuses. Si l'education & l'eleuation de ses enfans ne l'eust point encore retenuë pour quelque temps au monde, elle eust pris le sainct habit de Religion ; ce qu'elle fit quelque téps apres auecque la plus ieune de ses filles, l'aisnée estant richemét mariée, & ses fils en estat de se pouuoir conduire. Or cet Escuyer dont nous auōs parlé, mourut vn an apres auoir pris

pris le vestement Religieux, en la place duquel i'ay succedé, n'estant helas! que trop vif à mes passions, & si mal mortifié que i'en fay honte au bon Pere Oleastre, qui est maintenant dans les ordres sacrez, par le moyen duquel i'ay esté receu en cette sainte assemblée. Voyla Messieurs, deux Histoires qui m'ont faict ensevelir la mienne dans le tombeau du silence, parce qu'elle ne merite pas d'estre ouye apres ce recit, non plus qu'vne chandelle de paroistre quand le Soleil est leué. Contentez-vous, ie vous en supplie, de ce narré, ré, aussi bien ne suis-je pas resolu de vous en dire d'auantage, il est temps que ie vous face veoir nostre cher Pere, & l'original de cette mauuaise copie que ie viens de vous representer, de luy en trois paroles vous apprendrez plus de ma misere que ie ne vous en sçaurois faire entendre auecque mon babil, lequel vous excuserez en le prenant non comme enfant de mon desir, mais comme vne production de l'obeyssance que i'ay renduë à vos commandemens, & à l'inclination que i'ay eüe de vous entretenir & de vous complaire. Icy se teut le le Religieux, laiſſant nos Cheualiers auec vne extreme enuie de ſçauoir le nom de cet Eſcuyer dont-il auoit raconté de ſi particulieres nouuelles. Cariton s'en enquerant, vne rougeur luy montant ſur le front, & puis tout à coup la palleur en ſaiſiſſant la place, leur fit iuger qu'il y auoit intereſt, & qu'entre la peur de ſe deſcouurir par la verité, ou de ſe couurir par la menſonge, il eſtoit en perplexité; en fin il leur reſpondit qu'ils le pourroient apprendre d'Oleaſtre. A cela reconnut Amiante qu'il auoit parlé de ſoy auecque cette

indu

industrieuse modestie, iettát la pierre, & cachant le bras. Sur quoy il dit; I'admire mon Pere, que vous ayez peu faire vn si long discours sans vous couper en vn seul endroit en parlát de vous mesme, car à vostre port & à vostre visage nous iugeons bien que vous auez quelque part en la personne de cet Escuyer. Ie l'auois bien ainsi cru, dit Cariton, mais la fin de son discours m'en a mis en doute, quand il a dit que cet Escuyer estoit mort vn an apres auoir pris l'habit Religieux, & qu'il estoit à la faueur d'Oleastre entré en sa place. Dom Ferdi

Ferdinand se voyant descouuert, les confirma encore d'auantage en cette creance par la rougeur de son visage, si que leur confessant ingenument la verité pour se parer de la mensonge; il est vray, dit-il, que ie suis mort ciuilement par les vœux Religieux, qui font tout à faict mourir le vieil homme, pour en reuestir vn nouueau qui soit selon Dieu & l'esprit; car qui ne void que l'obeyssance est la mort de l'ame, par vn absolu renoncement d'elle-mesme, que la pauureté suffocque le desir des richesses, & que la chasteté est vn glaiue ue qui retrâche tous les plaisirs mesme legitimes? Or ayât faict cette profession solemnelle apres le Nouitiat, ne suis-je pas donc mort vn an apres auoir pris ce sainct habit? que i'aye succedé en la place de l'Escuyer, il est euident, puisque ie ne suis plus ce que i'ay esté, ayant changé cette condition en celle de Moine. or n'est ce rien de commencer, si Dieu pour couröner son œuure en nous n'adiouste la grace de la perseuerance. face sa bonté que ie n'aye pas gasté vn Escuyer pour faire vn mauuais Religieux, ains qu'estant Religieux

gieux i'en deuienne meilleur Escuyer, c'est à dire, que ie dompte bien mon corps & tous ses sentimens (car, comme dit l'Escriture, nostre chair c'est vn cheual,) mon ame & toutes ses puissances, pour effectuer ce conseil de l'Apostre, de mortifier nos membres que nous trainons sur la terre, portans tousiours en nos corps la mortification de Iesvs-Christ. C'est ce qui faisoit que S. François appelloit son corps frere l'asne, le traittant fort rudemét, & faisant comme cet ancien Anacorete, qui se disoit af-fliger son corps, de peur qu'il
n'affli

n'affligeast son àme; c'est là le manaige ordinaire de cette Maison, où l'escole de la Croix est ouuerte, & tous les exercices qui s'y pratiquent ne visent qu'au perfaict crucifiement & aneantissement de l'appetit & de la volonté; qu'Oleastre m'ait dōné l'entrée en cette Congregation, ie vous l'ay faict euidemmēt veoir en la suitte de la narratiō: de quoy soit benit le grād Dieu Pere de IESVS nostre Sauueur, & source de toute misericorde & consolation, lequel en toutes nos tribulations nous conforte par l'onction de son Esprit. ô que

pre

precieux est le desespoir qui nous a portez à vn tel bonheur! que cette calamité est heureuse qui nous ramene au chemin de la vertu! Sur cette conclusion ils se leuerent, & Dom Ferdinád ayant sceu de ces Gentilshommes le desir qu'ils auoient de veoir le deuotieux Oleastre, apres leur auoir faict vne profonde reuerence il les laissa dans le iardin, pour l'aller appeller, & tandis qu'ils s'entretenoiét du bel esprit de ce Religieux, & des merueilles de ces deux conuersions, & qu'ils se disoient l'vn à l'autre que leurs disgraces estoiét encore plus liées

liées ensemble, & leur estat plus deplorable, en ce qu'ils aymoient, & estoient aymez chascun à contre sens, arriua le venerable Pere Oleastre, qui d'vn visage serain, d'vne chere gaye, & d'vne façon douce-graue, & qui ressentoit bien la paix & le contentement de son interieur, leur fit vn accueil si plein de grace, & de courtoisie, qu'ils iugerent bien que cet homme auoit esté nourry dans vne bonne escole. Sa presence leur sembla cóme celle d'vn Ange, mais sa conuersation leur fut si charmante qu'ils auoüerent n'auoir rien rencontré

contré en toute l'Italie de si suauement, ni si fortement attrayant; soit que l'air de leur nation leur fust plus aggreable que l'humeur estrangere, soit que le discours de Dom Ferdinand preoccupât leurs esprits, leur eust donné vne haute impression des merites de Dom Oleastre. De vous dire leurs entretiens, il seroit trop long; mais quand il apperceut que ces ieunes Seigneurs par la bouche du frere Ferdinand auoient appris de ses nouuelles, il les vous aura, leur dit il, rapportez tout au rebours du bastó dans l'eau qui paroist courbé encore qu'il soit droit, car en estalant les droittures imaginaires qu'il m'attribuë, il aura caché mes imperfections, comme ceux qui peignent les borgnes en pourfil, ne vous mettant devant les yeux que les divines misericordes sur ce miserable pecheur, non mes grádes offenses. Et comme ils admiroient en son estrange vocation, son mespris d'vne si grande fortune; pour la vocation, dit-il, ne la considerez pas en son fondemét: car il est pourry, & comme honteux, car vous voyez vn homme faict Moine par vn sot desespoir d'amour: mais

mais ce qui me console est que les plus illustres & plus exquises vocations n'ont pas tousiours les meilleures reüssies, comme il paroist en celles de Saül & de Salomon; au contraire celles qui sont les plus estranges & trauersées souuent ont de bons euenemens, selon qu'elles sont bien mesnagées, comme celles de Dauid, de Samuel, & d'Elisee. Le monde se mocque de ceux qui se iettent au Cloistre par desespoir, & qui y demeurent par vergoine, & il ne sçait ce qu'il dit, car Dieu confondant les pensées des hommes, de ces vicieuses causes tire quelquefois des effects vertueux. On peut faire d'vne mauuaise lame vn bon coup, & vn pernicieux d'vne tres-bône. qui ramena le Prodigue en la maison de son Pere sinon le desespoir où son mauuais maistre l'auoit reduit? cela mesme chassa Iacob de la maison de Laban, & Israël d'Egypte; & qui peut blasmer auecque raison celuy de Samson s'escrasant auecque les Philistins? Alexandre trácha le nœud Gordien ne le pouuant denoüer autrement; qu'importe-t'il comment, poürueu qu'on rompe les liens qui nous tiennent

nent au monde, & qu'on en sorte ? toute voye qui nous porte à nostre vray bien, est & hôneste & salutaire. qu'importe-t'il que l'eau de la fontaine de la grace descoule en nos ames par vn canal de bois, de plomb, de terre, ou d'argent ? qui ne sçait qu'au temple de nos cœurs aussi bien qu'en celuy de Ierusalem rebasti par Nehemie, la boüe se change en vn feu & celeste & sacré, quand le Soleil de la bonté diuine la daigne esclairer ? Oleastre par mille beaux deuis alloit ainsi entretenant nos Cheualiers François, lesquels se voyans par ces Religieux traittez auecque tant de confiance, se sentirent obligez de leur raconter les differentes passions qui les tourmentoient, & qui faisoient le principal sujet de leur voyage d'Italie. en quoy ils furent extremement soulagez & par les consolations, & par les conseils d'Oleastre, lequel

Non ignorant du mal dont ils estoient attaints,
Leur donnoit des auis salutaires & saints,
Pour changer leur misere en meilleure auanture,
En laissant franchement pour Dieu la creature.

Quand

Quand ils furent retirez à part, comme les ruminerent-ils attentiuement & pondereusement! & puis ils se disoient l'vn à l'autre, à quoy tient-il que nous n'imitons ces deux Gentilshommes? pouuons-nous souhaitter vn meilleur sort, & desirer vn meilleur partage que celuy de la participatiõ des Sainꝏs? aussi bien poursuiuons-nous des ombres qui nous fuyent, & quád nos maistresses changeroient de courages, elles auroient bien faict vn traict de filles: mais qui nous peut rendre ployables nos parens, sans le consentemét desquels

nous ne sçaurions arriuer aux mariages que nous souhaittons? & en fin qu'ils soient effectuez, ce sont de ieunes desirs qui s'amortissent dans la iouïssance, & ces alliances peu iudicieuses reüssissent rarement à bien, que ne haussons-nous nos pensées vers les nopces eternelles de l'Agneau, & vers ce Royaume interminable où tous les Courtisans sont Roys, mais d'vn Empire qui n'aura point de fin? Quelles fortunes esperons-nous rencontrer dans la Cour, sinon celles qui ont amusé nos ayeulx, & abusé nos Peres à leur poursuitte?
som

sómes-nous si peu iudicieux que nous ne connoissions pas que le trauail, l'enuie, & la perte du téps sont les fruicts ordinaires de l'ambitió? Que ceux-là sont bien plus heureux, qui separez de leurs ennemis, leurs parens, & leurs domestiques, & sequestrez de leur païs, & de toute connoissance terrestre, ne visent qu'au Ciel en ces demeures Angeliques les saincts Monasteres. certes vn iour vaut mieux dans les paruis du Seigneur, c'est à dire, dans les lieux qui luy sont consacrez, & où l'on ne vacque qu'à son seruice, que mille dans les tabernacles des pecheurs. Ainsi deuisoient Amiante & Cariton, helas! trop heureux s'ils eussent suyui ces bons mouuemens iusques aux effects; mais le Ciel ne les destine pas à vne vie si tranquile, à vne mort si douce, ainsi que nous allons deduire. Car partis de ce Monastere, où ils auoient esté si consolez, & d'où ils sortoient remplis de la bonne odeur en Iesvs-Christ, que les saintes instructions, & la bonne vie d'Oleastre auoient versé en leurs ames, ils allerent visiter la sainte Maison de Lorette, & de là par Bologne ils s'achemine-rent

rent à Milan, se disposans à leur retour en France, attirez par les secrets aymans dont leurs cœurs estoient touchez. En cette grande Cité l'vne des plus nombreuses, & plus opulentes d'Italie, ils receurent de fausses nouuelles qui les precipiterent en de veritables malheurs. Cerinte, comme nous auons dit, desiroit auec autant de passion donner sa fille Oriane à Gelase, que ce Gentilhomme la souhaittoit pour sa femme, cette fole fille resistant tousjours, & pour vne pretension imaginaire reiettant vne fortune solide, Cerinte pour luy arracher cette vaine esperance de la teste, & luy faire ouurir les yeux vers son bien, s'auisa d'vn stratageme qui reüssit d'vne façon bien tragique. Il pria les Peres des ieunes amis de faire entendre sous main à ses filles que leurs enfans estoient morts en Italie, l'vn de maladie sur terre, l'autre dans vn vaisseau en la mer; & que d'autre part on fist sçauoir aux deux Gentils-hommes que sa fille Oriane estoit mariée à Gelase, & Melicerte couchée dans le tombeau. son auis fut cru & effectué. A ces nouuelles que deuindrent les deux sœurs? certes

certes le Pere ne se treuua que trop bon Profete : car Melicerte prit vn regret si veritable de la feinte mort de Cariton qu'elle aymoit, & de qui elle n'estoit pas aymée, que se couchant dans le lict pour digerer sa douleur, la fiebure la saisit, qui ne la quitta qu'auecque la vie. Cette mort soudaine & inopinée estonna tellement Oriane, que de peur de tomber en pareil accessoire, elle se resolut de prendre vn meilleur conseil ; car si l'vne rendit l'amour mortel, l'autre rendit la mort amoureuse, selon l'embleme du changement de de trousse que firent ces deux aueugles deitez. Oriane considerant que celuy-là estoit mort (car elle le croyoit ainsi) qui possedant ses affectiós n'en auoit eu que pour sa sœur, donnant le tort aux defuncts, se depita contre son ingratitude, & pour se consoler du regret de sa perte, elle tira des cendres de sa sœur vn feu nouueau pour Gelase, imitant Isaac, qui s'auisa de se marier pour se consoler de la mort de sa mere Sara. Elle considera prudemment,

Que le printemps plein de verdure

A son

A son tour chasse la froidure,
Et que la mer a son reflus ;
Mais depuis que nostre ieu-
nesse
Quitte la place à la vieillesse,
Le temps ne la ramene plus.
Les loix de la mort sont fatales
Aussi bien aux maisons Roya-
les
Qu'aux todis couuerts de ro-
seaux,
Tous nos iours sont subiects
aux Parques,
Ceux des Bergers & des Mo-
narques
Sõt coupez de mesmes ciseaux.
Leurs rigueurs par qui tout s'ef-
face,
Rauissent en bien peu d'espace
Ce

*Ce qu'on a de mieux establ*y,
Et promptement nous menent
boire
Au delà de la riue noire
Dans les eaux du fleuue d'ou-
bly.

Doncques pour euiter en quelque façon cette misere, & laisser vne posterité qui poussa son nom dans la suitte des âges, elle se rendit plus traittable, & changeant en feu les glaçons dont elle auoit gelé les esperances du pauure Gelase, en peu de iours elle deuint sa femme. Voyla les augures de Ceriate deuenus de veritables oracles, & les fausses nouuelles man

mandées en Italie, changées en des veritez. Quels furent les mouuemens des ames de nos Gentilshommes à leur reception, c'est ce qu'il nous faut examiner. Si l'amour a autant de force que la mort, la ialousie qui est en l'amour ce que le redoublement à la fiebure et du aspre comme l'enfer. Ces deux Amans ne meditent que des pensées de mort, & de vangeance chasqu'vn selon l'impetuosité de sa passion. Amiante qui croit sa Melicerte morte, & qui l'est en effect, ne pense qu'à mourir au monde, puisque le sujet qui l'y faisoit viure &
qui

qui l'y arrestoit, n'y est plus, il retourne ses pensées vers ce Monastere de l'Appennin, où Dom Oleastre & Dom Ferdinand menét vne vie si sainte, si heureuse, & si contente. Mais Cariton a bien d'autres imaginations; car furieux comme vn Lyon qui void sa femelle aupres du Léopard, ne pouuant souffrir Oriane entre les bras de Gelase, remasche de hautes vangeances, & selon la brutalité des combats singuliers, dont nostre nation est si diffamée, ne minute que des duels. Comme leurs douleurs sont communes, aussi se communi-
quent

quét-ils leurs regrets & leurs desseins. ô que le desespoir a de differents effects, puis qu'il porte l'vn vers le bien, l'autre vers le mal, l'vn vers l'electió & le Ciel, l'autre vers la reprobation & l'enfer! chascun tasche d'attirer son compagnon à son auis. Cariton prie son amy de l'assister en cette querelle, & de luy seruir de second, à quoy nostre aueugle Noblesse met vn si haut point d'honneur, que c'est vne espece de lascheté auoüée que refuser cette assistáce, comme s'il estoit bienseant d'exposer pour vn amy son ame à l'eternelle damnation.

tion. Amiante animé d'vn meilleur Genie, prie Cariton de remettre cette vangeance à Dieu, qu'il ne faut point par vne fureur enragée separer ce que Dieu a conioint, qu'aussi bien Oriane n'a aucune affection pour luy, que se vouloir faire aimer à la pointe de l'espée, estoit vne façon trop violente, & qui ne reüssiroit iamais. C'est tout vn, disoit le furieux Cariton, si ie meurs, i'attacheray par ma mort au col de cette ingrate les furies vangeresses de mon sang, qui luy liureront mille assauts & mille allarmes; si ie demeure vainqueur,

ie

ie luy feray connoistre l'impertinence de son choix, & si elle perseuere en sa haïne, le despit me guarissant de son amour, me laissera en la liberté de vous suiure dans vn Cloistre, pour y faire penitence de la mort de Gelase. Ne voyez-vous pas à l'extrauagáce de cette proposition, qu'il a l'imagination blessée? Amiante luy resistant amiablement, & taschant de le ramener auecque la douceur à vne plus douce voye; Ie voy bien ce que c'est, dit-il, la mort de Melicerte vous arrachant le cœur vous oste toute generosité, si que vous n'estes bon

bon qu'à estre Moine. Ce n'est pas ce que i'auois tousjours estimé de vostre courage ; ces pensées me semblent trop lasches pour vn homme de valeur : au moins s'il faut mourir au monde & à tout contentement, mourons l'espée à la main contre les Infideles, la Hongrie est vn theatre où l'on gaigne le Ciel par violence, allons y chercher vn honorable tombeau. Amiante choisissant ce martyre violent plustost que le lent, qui se souffre tous les iours dans le Cloistre, se rendit à ce dessein plustost pour contenter son amy, & pour tascher

tascher de le gaigner peu à peu, que pour aucune inclination qu'il eust à ce voyage, promettant à Dieu s'il le retiroit des hazards de la guerre, de se rendre Religieux au Monastere d'Oleastre. Mais que le jugement humain est aueugle en la connoissance de l'auenir; ce luy sont des tenebres impenetrables. Car aussi-tost qu'ils se furent rangez dans l'armée de l'Empereur parmy les volontaires, à la premiere charge le pauure Amiante se treuua entre les blessez & nauré à mort. Cariton qui l'assiste en ce dernier passage, est si troublé de la perte

perte de son amy, qu'il en oublie presque l'ingratitude d'Oriane. Voyla, luy disoit le mourant Amiante, où m'a reduit cette vaine ombre de valeur dont vous flattiez ma presomption ; le fruict qui m'en reuient, c'est de perdre par cette mort precipitée l'espace que i'eusse employé à faire penitence de mes pechez. Mais la cause de ces armes estant sainte & iuste, i'espere que Dieu prendra mon sang & mes desirs pour vn sacrifice volontaire, & pour vn holocauste aggreable. Ie n'ay point de regret de mourir naturellement, puisque

puisque ie le voulois ciuilement: i'ay tousiours peu redouté ce passage, qui m'est commun auec tous les hommes, car nous auons esté esleuez en l'escole de la valeur, où l'on fait de continuelles leçons pour chasser cette crainte. Il n'est rien de si naturel, & le viure ne l'est pas plus que de mourir. tant s'en faut donc que la mort m'estonne, qu'au contraire ie confesse l'auoir desirée auecque moins d'apprehension que d'impatience, & c'est ce qui m'a faict donner si auant dans le combat, &

peut

peut-estre auecque temerité. C'est peu de chose que la vie, ce n'est qu'vne ombre, vn songe, ou le songe d'vne ombre, vne fueille emportée du vent, le passage d'vn postillon, vne nuée qui se dissipe en montant, vne debile vapeur aussi-tost dissoute qu'esleuée. Mon cher Cariton, mirez-vous en mon exemple, & vous rendant heritier de mes desirs, rendez à l'estat Religieux en vous y consacrant, cet amy que vos persuasions en ont arraché, autrement vous cõmettez vne iniustice dont vous

vous respondrez vn iour exactement deuant Dieu; si vous en prenez la resolution, ie meurs plus que satisfaict, puisque reprenant en vous la moitié de la vie, ie penseray par vostre moyen accomplir le vœu que i'en auois faict, si Dieu me retiroit de ces combats. pour Dieu effacez de vostre ame l'image d'vne vile creature, qui attachée à vn autre ne vous peut plus estre legitimement acquise, & qui n'eut iamais pour vous aucun sentiment d'amitié: arrachez de vostre courage l'esprit de vangeance contre vn homme qui vous a faict plus de seruice que de tort en l'espousant, & vous souuenez que comme il n'y a rien de si iuste que Dieu, il n'y a rien de plus iniuste que le duel. Cariton tout fondu en larmes deuient flexible comme vn Agneau, & se rend aux remonstrances de son cher amy, & luy promet & iure solemnellement d'accomplir de point en point ses desirs de se rendre pour luy Religieux au Monastere où estoit Oleastre, de ne rechercher aucune vangeance de Gelase, d'oublier l'ingrate

grate Oriane, & de n'effacer iamais de son souuenir la memoire de son fidele Amiante, auquel ayant rendu tous les debuoirs d'vn vray amy tant pour le soulagemét de son corps, que pour le secours de son ame, le pauure Amiante la rendit à son Createur, apres auoir receu tous ses Sacremens, entre les mortelles agonies de ses playes, & les angoisses interieures de n'auoir peu gouster les suauitez de la retraitte Religieuse, expirant auecque ces paroles; ô Seigneur que ne mourois-je Religieux!

mais vostre sainte volonté soit faite, helas ! receuez la mienne pour l'effect. Cariton quitta aussi-tost cette terre infortunée, pour reprendre le chemin d'Italie, agité de si estranges conuulsions d'esprit, qu'il sembloit estre tout transporté, la perte d'vn tel amy le mettoit aux portes du desespoir, celle de son amie reuenoit comme vne image dolente repasser par sa fantasie, qui luy donnoit d'estranges eslancemens. Il se represente ce qu'il va faire, & se figurant la vie Religieuse beaucoup plus

plus austere & difficile qu'elle n'est, il croit aller au supplice, il se repent de sa promesse si legerement faicte, & le diable qui ne pesche que dans le trouble, rodant autour de luy comme vn Lyon rugissant, ou plustost comme ce dragon roux de l'Apocalypse, pour deuorer le part de son dessein, & en empescher l'execution, luy suggere mille chimeres, qui le mettent en perplexité ; en cette indetermination il luy fut aisé de luy faire choisir la pire resolution de toutes, qui fut de contenter son furieux

appetit de vangeance auparavant qu'accomplir son vœu. estrange pensée qui met Dagon deuant l'Arche. Il s'imagine qu'ayant les armes bien en main, & fraischement sorty de dessous les meilleurs maistres d'escrime de France & d'Italie, il aura aussi-tost mis Gelase par terre, & renduë vefue celle qui paye son amour de haine & de mesconnoissance, de là qu'il prendra la poste pour reuenir dans l'Appennin faire penitence de cet homicide. Comme s'il eust eu caution du sort des armes, sans
con

considerer que d'vne mauuaise querelle il ne pouuoit attendre vne heureuse issuë. Que le desir qu'il auoit de bien faire apres auoir commis ce forfaict, estoit vn encens abominable deuant ce Dieu qui ne veut point de fiel en ses victimes, & qui ne reçoit aucun present au pied de son Autel, que premierement on ne soit rentré en grace auec son prochain, & qu'on n'ait mis bas toute rancune. En fin la suggestion diabolique l'emporte sur l'inspiration diuine, qui le pressoit au contraire. Il s'a-
che

chemine vers la France rongé de mille déplaisirs, & l'ame vlcerée de remords, vn iour s'estant regardé dedans vn miroir, & se voyant la la face toute alterée par la violence des passions qui le bourreloient, par diuertissement d'esprit il fit ce Sonnet.

Cariton agité de ses foles amours,
En si triste misere alloit trainant sa vie,
Qu'aux plus infortunez son cœur portoit enuie,
N'attendant autre bien que la fin de ses iours.

Pasle,

Pasle, morne, & pensif, sans espoir de secours,
Ainsi la mort cruelle à toute
heure il conuie :
Mort qui tiens sous tes pieds
toute chose asseruie,
Oy moy, puisqu'à mes vœux
tous les Astres sont sourds.
Cette fiere Deesse à luy seul pitoyable
Entendit sa complainte, &
d'vn pas effroyable
Sortant du monument à ses
yeux vint s'offrir.
Mais luy voyant la face affreu-
se, horrible, & blesme,
Craintiue elle s'enfuit sans le
faire mourir,

Car

Car il sembloit qu'il fust la mort de la mort mesme.

Estant arriué à Paris, il se loge en vn lieu escarté aupres du Temple, de peur qu'estant reconnu on ne l'empeschast en son furieux dessein. son Pere colé à la suitte du Roy, se treuua lors à Fontainebleau où estoit sa Majesté. nostre Icare qui se veut signaler par sa cheute, fait tant par subtils moyens qu'il abborde Oriane, laquelle surprise de sa veüe le prit pour vn spectre, l'ayant cru fort long temps au rang des ombres. En fin rasseurée de

sa

sa peur, elle apprit l'histoire lamentable de la mort d'Amiante qu'elle aymoit, & que le regret du trespas de Melicerte auoit porté en d'estranges extremitez. Mais quand il se mit sur la cajollerie, le funeste flambeau de son ancienne amour s'estant enflammé à la reueüe de cet obiect si ardamment desiré, cette femme qui auoit guary sõ ardeur passée qu'elle auoit eüe pour Amiáte, par la sainteté d'vn legitime mariage, & qui n'auoit iamais eu d'yeux, ny de cœur pour Cariton, au demeurant aussi

curieu

curieuse & ialouse de son honneur que le peut estre vne honneste Dame, rejetta bien loin ces propos flatteurs, qui vouloient par les oreilles ietter de la poison dans son cœur, protestant de ne le veoir iamais, s'il ne vouloit changer de cœur & de langage, & se deporter de la recherche d'vn sujet qui ne luy pouuoit iustement estre acquis au preiudice de son vray & vnique possesseur. Alors Cariton le visage enflammé d'vne double couleur, & d'amour & de colere, se voyant si mal traitté d'vne fem femme qu'il auoit si longuement & si fortement honorée & cherie ; S'il ne tient, luy dit-il, qu'à oster ce sujet du rang des viuans pour vous posseder, i'ay vne espée qui sçait trancher des nœuds indissolubles. Que s'il me faut perdre la vie pour vostre amour, i'y suis resolu, puisqu' aussi bien ne la veux-je garder que pour vostre seruice, & si i'en auois mille, ie les perdrois volontiers pour vous témoigner mes affections. Autrement que par la mort de me departir de la bienueillance que ie vous ay

tous

toufiours portée, & que vous auez si mal reconnuë, il est impossible ; que si c'est vn crime de la continuer, ie confesse non seulement de le commettre, mais de ne m'en pouuoir repentir, puisque c'est vn accident inseparable de ma volonté,

Si bien que ce malheur m'est
vn mal volontaire,
Où ie suis emporté par mon
consentement.

A cela Oriane repartit. S'il vous en arriue du malheur, il prouiendra de vostre malice, & Dieu protecteur de l'innocence sçaura bien sou-
stenir

stenir mon mary contre vos fureurs; peut-estre que le silence, ou la fuitte vous seroient plus vtiles que de vous tenir en vn lieu où l'attentat que vous commettez, ne vous peut donner aucune asseurance. Gelase est Gentilhomme d'honneur, qui a les armes en main, & du courage pour les employer, pourueu qu'il ne soit point attacqué en trahison, il sçait des coups de maistre que les ieunes escoliers ignorent, & suffisans pour les punir de leur temerité. Si vous persistez à me persecuter de vos

pour

poursuites autant importunes qu'odieuses & iniustes, que ie ne die execrables, attentant à l'honneur d'vn Gentilhomme, & à la pudicité de sa femme, i'en auertiray mon mary, qui ne vous pourra chastier d'vn supplice moindre que la mort, si vostre folie vient à sa connoissance. Si vous-vous deportez de cette outrecuidance, ie m'abstiendray de luy dire le tort que vous luy procurez en ma personne, pour ne le mettre en peine de conseruer son honneur & le mien par la perte de vostre vie.

vie. Ce fut lors que Cariton tout à faict hors de soy, desesperant de flechir ce courage, croisa les bras, & changea son amour en colere, & cette colere luy soufflant la vangeance dans le cœur, il fit appeller Gelase, qui auerty par sa femme de l'outrecuidance de ce forcené, se porta aussi-tost où l'appel le conuioit. là combattant auec autant de iugement que l'autre auoit d'aueuglement & de frenesie, blessé legerement en vn bras & au col, il perça Cariton dedans le corps en diuers lieux de mortelles

telles attaintes, & le laissant sur le pré qui alloit vomir l'ame auecque le sang, encore eut-il la pitié de le faire secourir, se contentant de luy enleuer ses armes sans luy oster tout à faict la vie. Cariton porté chez vn Chirurgien, où ses playes furent pensées, & treuuées mortelles, son Pere en fut auerty, qui au lieu de venir se resioüir de son retour, arriua assez à temps pour veoir son fils aux extremitez où vne fole passion l'auoit reduit. Il est inutile de vous dire ses regrets & l'affliction de son ame:

ame : car le déplaisir du laboureur qui void gresler sa moisson sur le point de sa recolte, & la douleur de ce Pere qui se void enleuer son fils par la mort, lors qu'il pensoit le pousser sur le theatre du monde, apres auoir faict de grandes despenses en son education & institution, sont vne mesme chose. Le salut du corps estant desesperé à cause d'vne blesseure qu'il auoit dans le poulmon, qui luy faisoit cracher le sang, son Pere ne pensa qu'à celuy de l'ame. Il fit venir des Religieux de toutes les fa-
çons

çons pour le consoler, & pour le disposer à bien mourir. ô que de peine ils eurent à mettre son ame en bonne assiette! Car tant de contraires passions l'agitoient, qu'on ne sçauoit de quelle façon y mettre le calme. L'amour, la honte, le despit, la haïne, la colere, le regret, l'apprehension de la mort, la fureur, les boüillons si naturels à la ieunesse, tout cela faisoit vn rauage en son esprit, qui se peut mieux conceuoir que desbroüiller. A la fin par les prieres & les remonstrances de ces saincts personna sonnages, qui luy firent veoir l'infinité de la diuine misericorde, dont l'abysme estoit inuoqué par l'abysme de nos miseres, & que l'enfer n'estoit basty que pour les desesperez, ils le ramenerent peu à peu à la raison. Les douleurs de la mort, & les terreurs de l'enfer engendrerent en luy cette salutaire crainte, qui est le commencement de sagesse. en fin ses yeux ouuerts comme ceux de Tobie par le fiel de ses afflictions, luy firent apperceuoir les remedes conuenables à la guarison de son ame;

ame ; apres l'aiguille de la crainte, la soye de l'amour se coula dans son ame, pour y engendrer cette sacrée penitence, dont les amertumes sont si douces qu'elles passent toute suauité. Son cœur par cette disposition s'estant rendu comme vne boule de cire molle au milieu de sa poitrine, il fut aisé aux Religieux qui l'assistoient d'en tirer tous les actes de contrition, de repentance, de condescendance, de resignation, de foy, d'amour, d'esperance, & de semblables vertus qu'on qu'on a de coustume d'exiger des agonizans. En somme il fit vne tres-belle fin, il demanda pardon à Gelase, & à Oriane, qui pour marque d'vne perfaitte reconciliation le visiterent en sa maladie, & donnerent des larmes de compassion à ses douleurs. Gelase auoit du déplaisir de l'auoir reduit à ces termes, maudissant la bestialité des duels ; & la chaste Oriane considerant les ardantes passions que ce ieune courage auoit si constamment conseruées pour elle, fut touchée de pitié &

P   d'a

d'amour, estant bien malaisé, & presqu'impossible de n'aymer point ce qui nous ayme, le vray filtre & charme de l'amour estant d'aymer. L'impitoyable mort vint en fin trancher le fil de la vie du deplorable Cariton Gentilhomme de belle esperance, si son trop grand cœur ne l'eust point auant terme precipité au tombeau. il mourut auec des témoignages de grande repentance, consolant ceux qui le virent expirer de l'espoir de de son salut, dont la penitence finale est vne marque assez

assez euidente. Mais pour exprimer les regrets qu'il poussa durant sept ou huict iours que durerent ses mortelles langueurs, de n'auoir cru le conseil de son cher Amiante, & de n'auoir pris la route de l'Appennin, au lieu de celle de France, pour s'enseuelir auec Oleastre dedans vn Monastere, il faudroit estre bon Orateur. Et lors que les Religieux luy representoient la felicité de leur estat, qui n'a que Dieu pour obiect, que son seruice pour occupation, que son amour en recomman-
da

dation, que ses loüanges en la bouche, que la mortification pour exercice, & que dans ces croix apparentes se ressent l'ineffable douceur d'vne onction cachée, en laquelle consiste cette manne secrette, & ce fruict de vie que Dieu reserue pour ceux qui sont vainqueurs de leurs passions, ô qu'il beuuoit ces documens d'vne auide oreille, ne souhaittant l'vsage de la vie que pour la passer en ce delicieux employ du crucifiment de soy-mesme. Mais il falut ceder à la necessité des destinées,

stinées, qui auoient filé la tissure de ses iours d'vne autre trame, & rendre à la nature le tribut de la vie, non au milieu, comme disoit Ezechias, mais en l'orient de ses plus beaux iours. Il y eut vn Poëte de la Cour qui fit des Stances sur cette mort, qui furent fort estimées & qui eurent vn grand cours, elles finissoient ainsi,

Cariton perdant à la fois
 Et son esperance, & sa
vie,
De deux morts son ame
rauie

P 3   Poussa

Poussa cette derniere voix.
Oriane puisque ma foy
N'a peu vaincre ma destinée,
Je rends mon ame infortunée
A la mort plus douce que toy.

Il faut pardonner à l'imagination de ce Poëte en faueur de la beauté de ses vers. mais il fait expirer ce ieune Gentilhomme autrement qu'il ne fit : car ayant arraché son cœur des mains de cette creature, de qui l'affection ne luy pouuoit plus estre legitime, il rendit son ame

ame en de meilleures mains, qui furent celles du Redempteur du monde. Ses dernieres paroles furent ; mon Dieu, il me déplaist grandement de ne vous auoir suiuy, de ne vous auoir seruy, & de n'auoir vsé ma vie sous le ioug Religieux. Et d'effect il desira estre enterré en habit de Fueillantin, côme rapportant à celuy qu'il auoit veu à Oleastre, qui est le vestement des Religieux de la Congregation du Mont-Oliuet ; joint que l'vne & l'autre de ces Congregations militent sous la mesme regle

gle de Sainct Benoist. Ces Histoires, qui comme les diuers lustres du col d'vne Colombe, nous font veoir les differens effects de cette passion qu'on nomme desespoir, nous apprennent que ses effects sont aussi differens & difficiles à conceuoir que ceux de la foudre, laquelle tantost fond l'argent sans offenser la bourse, puluerise vne lame sans toucher au fourreau, brise les os sans blesser la peau, oste le venin aux serpens sans les tuer, sans pouuoir faire sentir au laurier ses violentes attraintes.

tes. Selon les dispositions des ames le desespoir y agit diuersement. Les grandes, & celles qui sont couronnées de laurier comme victorieuses de leurs passions, ne s'y laissent aller que comme à cette iuste colere qui n'a point de peché, dont parle le Psalmiste : mais és autres tantost cette passion porte la pourriture & le malheur, tantost par vn ressort secret elle les tire de misere, & les porte à des biens non attendus, non pas mesme entendus de ceux qui les embrassent. Car comme

tous

tous les bons commencemens ne sont pas couronnez d'vne bonne fin ; aussi tous les mauuais n'ont pas vne semblable issuë. C'est le propre de l'esprit de tenebres de changer le bien en mal, & comme l'aragnée les roses en poison. Mais Dieu tire la lumiere du milieu des obscuritez, & change le mal en bien. Le desespoir n'est pas vne chose blasmable quand il aboutit à vne sainte entreprise. Celuy qui precipite dans les vangeances, dans les massacres, dans les duels, dans les

les blasfemes, dans les trahisons, dans les brigandages, est sans doute abominable : mais celuy qui porte au mespris de soy-mesme & du monde, à la penitence, aux larmes, aux soúspirs, aux regrets d'auoir offensé Dieu, & principalement celuy qui pousse à embrasser l'estat Religieux, est sainct & recommandable. Celuy qui fit mourir Amiante dans les combats contre les Infideles, n'auroit rien que de loüable, s'il n'auoit point meprisé l'inspiration qui le portoit à vne condition de vie plus douce & plus asseurée. Celuy d'Oriane qui la porta au mariage de Gelase ayant perdu l'espoir de posseder Amiante, est tout à faict indifferent. Celuy qui coucha Melicerte sous la lame fut violent, puis qu'il produisit vn si funeste effect, elle eust mieux faict d'employer ses regrets & ses douleurs pour effacer ses fautes, que pour plaindre vn homme qui n'estoit pas mort, qui ne l'aimoit pas, & qui ne pouuoit, ny ne vouloit iamais luy appartenir. Mais les desespoirs d'Oleastre & de Ferdinand,

dinand, d'Aldegonde & de Felice, sont grandement loüables, puis qu'ils ont esté couronnez d'vne fin si glorieuse. Les motifs sont de peu d'importance, quand la closture & la catastrofe sont loüables. Es Chrestiens, dit vn Pere de l'Eglise, on ne considere pas tant les principes comme la derniere main. Que le monde blasme tant qu'il voudra ceux qui se iettent au Cloistre par desespoir, son babil est sot & vain, & ne prouient que de l'ignoráce qui le possede, de la hautesse des richesses, de la sagesse se & science de Dieu, dont les iugemens sont incomprehensibles, & les routes inenarrables. qu'importe-t'il comment, pourueu qu'on luy appartienne, soit à droitte, soit à gauche, soit par la gloire, soit par l'infamie, dit l'Apostre, & i'adiouste, soit par l'esperance, soit par le desespoir? C'est peu de cas d'estre iugé des hommes, nostre vray Iuge c'est Dieu, qui sçaura bien rendre à vn chascun selon son œuure. Que le tourbillon arrache l'arbre, où il tombera il demeurera. Bien-heureux ceux qui sont

en

en abomination au monde comme s'ils estoient Crucifiez, & ausquels le monde est en execration comme vn Crucifié. Tres-heureux ceux dont le monde mesdit, & qui pour s'estre rangez au seruice de Dieu, sont le sujet de sa haïne & de ses calomnies, qu'ils se resioüissent, car leur recompense sera grande dans les Cieux.

Fin de L'Oleastre de M. l'Euesque de Belley.

APPRO

APPROBATIONS.

IEan Claude De Ville Chanoyne en l'Eglise S. Paul de Lyon, Docteur en Saincte Theologie, & deputé à l'approbation des Liures en ce Diocese par Monseigneur DENYS SIMON DE MARQVEMONT Illustrissime & Reuerendissime Archeuesque de Lyon: Faisons foy auoir leu les deux presents Liures, dont l'vn est intitulé *Hermiante*, l'autre, *Le sainct desespoir d'Oleastre*, tous deux *par Monsieur l'Euesque de de Belley*; Et y auoir rencontré l'ordinaire & tant renommé flux de discours, admirablement abondant du Reuerendissime Autheur: ausquels il fait publiquement veoir le feruent zele au salut des Ames dont il accompagne sa dignité Pastorale, & combien il est Catholiquement ingenieux en toutes sortes de sujets qu'il entreprend, combien il a l'esprit vniuersel & sçauant en toutes choses, mais precisement en celles-cy qui cócernent la Religieuse deuotion en la vie, laquelle se iette à l'escart du com

commun pour mieux cheuir
de son Dieu, & iouïr plus à
l'aise des contentemens de
son heureuse presence en la
Solitude. Au Cloistre Sainct
Paul de Lyon ce quator-
ziesme Aoust, mil six cens
vingt & trois.

C. DE VILLE.

L'Autheur d'*Hermiante*, ou *des deux Hermites contraires; & du S. desespoir d'Oleastre,* estant grandement recommandable pour le soing qu'il
a des

a des ames, tant de celles qui ont faict vne heureuse retraicte du monde pour embrasser la vie solitaire, que de celles que la necessité retient encor parmy les tracas & embarrassemens de la terre, ne merite pas seulement que ses œuures soient approuuées & imprimées, mais encor elles doiuent estre cheries & curieusement leües, pour estre tres-aggreables & vtiles à toutes sortes de conditions, specialement aux Anacoretes & ames Religieuses. Faict à Lyon ce dixneufuiesme Septem

Septembre mil six cens vingt & trois.

B. DE CHARPENE,
humble Prieur de S. Dominique d'Annessy.

Veuë l'Approbation cy dessus inserée des deux Liures, l'vn intitulé *Hermiante*, l'autre, *le sainct desespoir d'Oleastre*, composez par le *Reuerendissime Iean Pierre de Camus Euesque de Belley*, ausquels Liures pour donner credit il suffit d'en nommer l'Au l'Autheur, nous permettons iceux estre imprimez & exposez en vente. A Lyon ce dixneufuiesme Octobre mil six cens vingt & trois.

MENARD V. G.
Substitut.

Extraict

Extraict du Priuilege du Roy.

PAR grace & priuilege du Roy, Signé Pigray, & seellé du septiesme d'Octobre mil six cens vingt & trois, il est permis à IACQVES GAVDION, Marchand Libraire à Lyon, d'imprimer ou faire imprimer vn Liure intitulé *Le sainct desespoir d'Oleastre*, composé par *Monsieur l'Euesque de Belley*, & deffenses sont faictes à tous autres, de quelque qualité & condition qu'ils soient, d'imprimer

primer ou faire imprimer ledit Liure, & que si quelqu'vn en est treuué saisy d'autres exemplaires que de ceux qu'aura faict imprimer ledit exposant, il soit tenu aux peines contenuës audit Priuilege.

A LYON,
DE L'IMPRIMERIE DE
CLAVDE CAYNE.

M. DCXXIV.

www.ingramcontent.com/pod-product-compliance
Lightning Source LLC
Chambersburg PA
CBHW050730170426
43202CB00013B/2245